U0576270

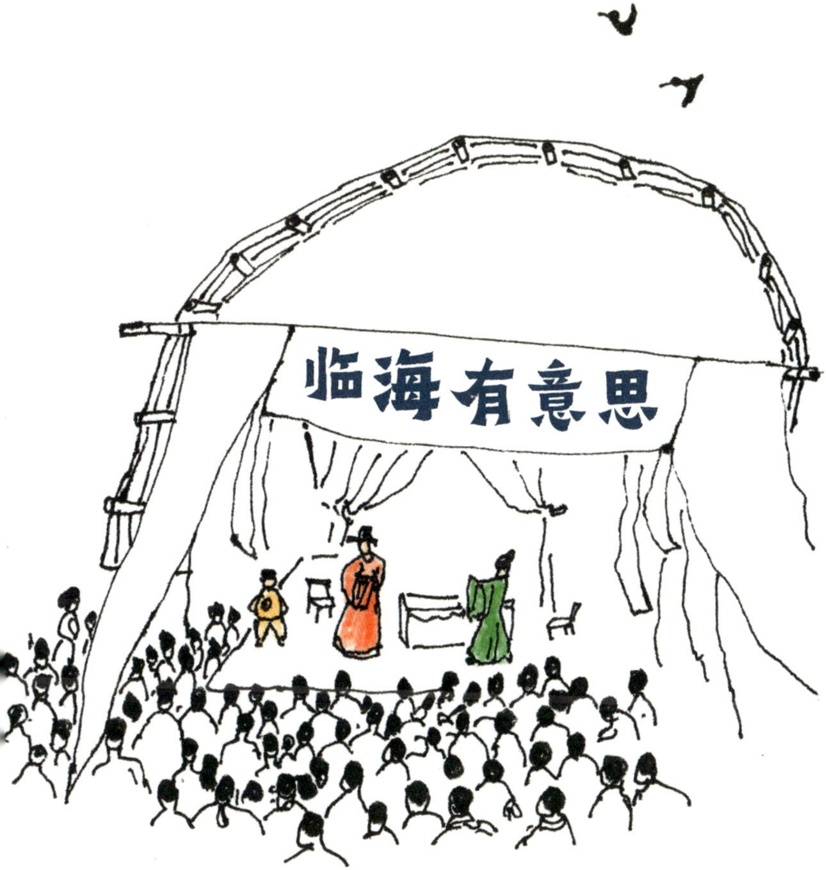

王 寒 著

浙江工商大学出版社 · 杭州
ZHEJIANG GONGSHANG UNIVERSITY PRESS

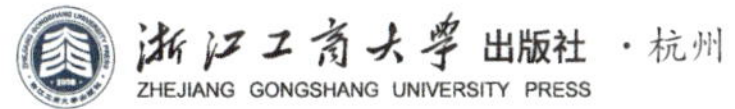

图书在版编目（CIP）数据

临海有意思 / 王寒著. -- 杭州 ：浙江工商大学出版社，2024. 9. -- ISBN 978-7-5178-6137-9

Ⅰ. K295. 54

中国国家版本馆 CIP 数据核字第 20247XQ218 号

临海有意思

LINHAI YOU YISI

王　寒著

出 品 人	郑英龙
策划编辑	沈　娴
责任编辑	刘　颖　吴岳婷
责任校对	程辛蕊　费一琛
插画作者	赵宗彪
封面设计	观止堂_未氓
责任印制	包建辉
出版发行	浙江工商大学出版社 （杭州市教工路 198 号　邮政编码 310012） （E-mail：zjgsupress@163. com） （网址：http://www. zjgsupress. com） 电话：0571－88904980，88831806（传真）
排　　版	杭州朝曦图文设计有限公司
印　　刷	浙江海虹彩色印务有限公司
开　　本	787 mm×1092 mm　1/32
印　　张	10. 75
字　　数	229 千
版 印 次	2024 年 9 月第 1 版　2024 年 9 月第 1 次印刷
书　　号	ISBN 978-7-5178-6137-9
定　　价	88. 00 元

1

如果要选一座城市代表浙江，那必定是杭州；如果要选一座城市代表台州，那铁定是临海。

该怎么形容临海呢？诗意点，半城山色半城湖，半城烟火半城诗。简单点，诗意湖山，烟火人间。

2

如果以酒喻台州的几座城市，那么椒江是啤酒，鲜涩爽口，仙居是米酒，清甜悠扬，天台是白酒，火辣生猛，玉环是果酒，甘美浓郁，唯有临海，是千年陈的黄酒，风味醇厚，后劲绵长。

3

临海是刚柔并济的城市，A 面是柔，B 面是刚。

有浩荡东去的灵江，有惊涛拍岸的东海，大江与大海造就了临海包容的胸襟。有亿万年前的火山遗迹，有铜墙铁壁的江南长城，岩浆和城墙塑造出临海坚强的脊梁。

有水的柔美秀丽，亦有山的英武豪迈。在儒雅的表象下，是刚硬的生命质地。

这就是临海。

4

临海是闲适散淡的历史文化名城，也是硬骨铮铮的军事古城——东南沿海最早的省军区（会稽东部都尉地）就设在临海（回浦），江南长城雄镇东南千年不倒，更有桃江十三渚古战场的鼓角铮鸣。

有情有义，却也有棱有角。有声有色，却也有胆有识。

5

杭州有很多个"理所当然"，比如西湖荷花开的时候，报纸"理所当然"要把头条位置让给荷花。比如第一场雪落下的时候，人们"理所当然"要去断桥赏雪。

临海也有很多个"理所当然"，比如春天玉兰花开的时候，"理所当然"要去巾山路走一走。比如秋天菊黄蟹肥的时候，"理所当然"要喝壶老酒、吃盘田蟹。比如柴古唐斯开跑时，"理所当然"要到路边为运动员呐燥喊（临海方言，加油，呐喊）。

临海古城，一面是铜墙铁壁，一面是烟火人间

6

如何用一个字区分出临海人?

“俺”。

俺是临海人的自称,读音同“眼”。在南方,临海是唯一一个用“俺”自称的城市。

7

撤地建市后,原先在临海的机关干部,搬迁到新的台州市中心椒江,住在机关干部住宅小区——枫南小区。

因为机关干部以临海人居多,临海人一开口便是“俺”呀“俺”的,椒江土著就把枫南小区称为“俺村”。

8

临海地处灵江北岸。

椒江土著一开始看不惯临海人,把搬迁来的机关干部统称为“北岸佬”。相处久了,椒江土著不得不佩服起北岸佬的修养、能力与水平,很快就跟北岸佬称兄道弟,还以能跟北岸佬结亲而沾沾自喜。

9

就好像当爹妈的,喜欢把孩子的奖状贴满墙,在临海最热闹的十字路口，巨幅标语亮出了临海人引以为豪的家底：国家5A级景区、千年江南长城、中华小吃之都、新荣记老家。

10

临海人很长一段时间，都自称“千年台州府，满街文化人”，现在喜欢用“左手书卷气，右手烟火味”。

到底用哪句更恰当？

临海人“傲娇”地说：哈哈，国务院又没有正式文件规定。随便用，爱用哪句用哪句。最好两句都用上。

11

“泼落声消”是临海人的“万能咒语”，相当于临海人的“唵嘛呢叭咪吽”。

饭碗打碎，泼落声消！听到乌鸦叫，泼落声消！被汽车喇叭吓一跳，还是泼落声消。简单点，就说“泼消”。小孩子打喷嚏，大人听了，要说一声“泼落声消”，还要加一句“长命百岁”。

泼落声消实际上为“百劫尽消”的衍音，意谓消灾。

12

萧山属杭州，但萧山人一般不说自己是杭州人，都自称萧山人。临海人一般也不说自己是台州人，都说是临海人。

只有人家问起临海是哪里的,他们才勉为其难地说是台州的。

13

台州对口支援的地区,一般都会对台州人免门票。四川的稻城亚丁景区就对台州人免门票。

朋友一家去稻城亚丁玩,身份证显示是临海的,却不免门票。检票员说,临海是临海,台州是台州,临海人不要冒充台州人!

14

临海人有以下几个至暗时刻:

土著放假了,买不到紫阳街的海苔饼;节假日,陪外地朋友一遍一遍爬江南长城;沪杭客人打电话要求帮忙订新荣记灵湖总店的包厢;住不起紫阳街的民宿;报不上柴古唐斯的名;一见面就被要求表演缩山拳。

15

临海、宁海、海宁,是浙江的三个县级行政区,经常有人搞错。

早年,有个胖歌星来临海演出,在舞台上四处挥手,边唱边向观众热情打招呼:宁海的朋友,你们好吗?

下面嘘声四起。

她感觉气氛不对,赶紧纠正:海宁的朋友,你们好吗?

16

每年有一千多万游客到临海逛吃逛吃，除了自驾来的，还有不少是坐动车来的，常有人把“宁海站”听成“临海站”，一到宁海，就兴高采烈地提着行李下了车。

现在动车报站名，都会特别强调：宁波宁海站，台州临海站。

17

临海人宽容，不排外。临海人说，有什么好排外的，往上数几代，我们都是外地人。没错，现在的临海人几乎都是移民的后代。

历史上的三次衣冠南渡，为临海带来了中原的高层次人才和大批移民，带来了当时先进的生产力和文化，带来了小麦等作物的种植技术，也带来了不同的饮食口味。

找到临海人爱吃面食的原因了吧。

18

有人从《红楼梦》的食单里缺海鲜看出清朝海禁对饮食的影响，临海人从一筒麦油脂里看到南北文化的融合。

麦油脂来源于北方立春时的春饼，乌饭麻糍与擂圆跟北方的驴打滚同宗，麦虾是北方面疙瘩和刀削面的结合，扁食来自中原，连叫法也延续了中原的叫法。

文化融合总是在不知不觉中进行。

19

黄岩“野生”学者考证出《金瓶梅》是黄岩人写的。

临海人开玩笑说，那《红楼梦》是俺临海人写的，因为《红楼梦》中的“小人”（小孩子）、“搛”（用筷子夹食物）、“裁衣裳”、“哄他”、“屋里人”、“等烦了”、“几时”、“人客不少”，都是临海人常说的口头语。

临海话属吴语系，但其中有不少方言词汇来自中原和北方。

20

临海历史上的第一批外来移民，是战国时期吃了败仗的越国遗民。战国时期，越国国力渐弱。越王无彊头脑发热，不自量力去攻打中原，导致越国被灭。

亡国后，越王的后世子孙为了保命，像无头苍蝇四处乱窜，其中一部分人逃到“江南海上”。唐代史学家张守节说，这“江南海上”就是临海一带。

那时临海属瓯越，“瓯居海上”，生活在一片汪洋中，老祖宗们“披发文身”，“食海蛤”。

难怪临海人那么爱吃鲜。

21

有一个才子说自己的祖上是从中原迁过来的。为了证明所言不虚，他在众人面前掀开嘴唇皮给我看证据，又说：凡是门牙凹进去，脚趾小趾甲盖有分瓣的，祖上都是中原来的移民。

现在凡是跟我说他的老祖宗是从中原移民过来的，我都想掀开他的嘴唇皮看看，以“验明正身”。

22

临海人格局大，吹牛一般都是从2100年前开始吹的。作为浙江第一个跻身国家历史文化名城的县级市，临海人吹的牛也是国家级的，吹得比较宏观。老辈人指着台州府城脚下的几块老砖头、北固山上的几根老树桩，就可以跟你掰扯半天。

有一次我在北固山上，偶遇一个遛鸟的老人，只提了一句城隍山，老人就滔滔不绝地跟我扯了一个多小时，唾沫星子喷了我一脸。

23

我走过国内大大小小几十座古城。有些食古不化，恍若遗老遗少；有些装神弄鬼，半真半假，难分阴阳；有些半死不活，仿佛只吊着最后一口气。

台州府城既仙又鲜，它是仙气飘飘的，也是鲜活生动的。

24

上古神话中，有女娲补天、夸父逐日、大禹治水等传说。相传夸父逐日时，在龙符山留下巨大足迹。《吴越春秋》记载，大禹曾登临此山，幸运地得到了覆釜书，除去了天下之灾。又有记载说，大禹登上此山，得龙符之瑞，龙符山之名由此而来。

龙符山的本名是覆釜山，覆釜的意思就是一口倒扣的锅。《嘉定赤城志》记载，覆釜山在临海东一百七十一里的海中。至于具体地点在哪里，没人能说清。

这也不奇怪，锅是生铁铸的，容易生锈，经过几千年的海浪洗刷，肯定不成样子了。

25

临海有仙气，在晋代就有水獭化美女，比《聊斋志异》的狐仙化美女早了千余年。

晋朝志怪小说《甄异传》有记：东晋年间，移民临海郡的中原人士杨丑奴，常到章安湖里拔蒲捞莼。某日，他碰到湖中一女子。女子容貌娇美，向其借宿。丑奴将美女带回家中。吃饭时，美女只吃干鱼、生菜，别的不吃。晚上熄灯共寝时，丑奴闻到身旁一股股难闻的腥臊之气，又发觉枕边的美女手指粗短，不觉起了疑心。美女发现丑奴起疑，迅速蹿出门外，变为水獭，径自跳入水中。

估计这个故事是男人编的。如果让我编，一定是水獭化为美男。

水獭化美女

26

临海显山又露水，不是开门见山，就是开门见江，在古时候，开门还能见到仙。

传说中，临海是仙境。唐代《原化记》中有记：唐高宗时，四川青城山有人进山采药，陷入穴洞，匍匐前行，出洞渡水，竟然到达仙境临海。

仙界的生活，着实快活，只是日子久了，四川汉子难免思念起千里之外的家人，他要求重返凡界。仙人们略微施法，汉子就飞渡万里回到老家，此时他才知自己离家已经九十年。

这不就是折叠空间的古代版吗？

27

一个临海人到福建出差，跟福建朋友喝酒，喝高了，拍着胸脯说，想当年，你们福建的地盘就属于俺临海。

临海人没吹牛。当年临海的地盘的确很大。1700 多年前，临海郡设立，在浙江，它建郡仅晚于会稽郡。

临海郡北起象山港，南达闽江口，现在中国东海岸大部分区域都属当时的临海郡管辖。说得直接点，当年临海郡纵横千里，大致相当于今天的温州、丽水、台州三市及绍兴新昌县、金华磐安县的一部分，以及福建省东北部的部分地域，陆域总面积约 4 万平方公里，是如今台州市面积的 4 倍。

28

一千个人的眼里,有一千个临海。

喜欢历史的,在这里看到风云激荡的沧桑画卷;喜欢美食的,在这里吃到遍地平价“米其林”;喜欢文艺的,在这里听到吹拉弹唱;喜欢时尚的,在这里常泡咖啡馆、小酒吧;喜欢浪漫的,心里想着小芳,在这里看到诗与远方;喜欢养生的,在这里看到土方与膏方。

临海是个千面女郎,每一面都很精彩。

29

人有小名,比如阿猫、阿狗,城市有别名,比如羊城、鹰城、鹿城。

临海别名鹿城,是全国六座鹿城之一,最北的鹿城是内蒙古的包头,最南的是海南的三亚,另外三座鹿城是陕西的商南、江苏的昆山、浙江的温州。看来看去,就数临海这只鹿最是温顺可爱。

临海的第一座城雕就是奔鹿。在大老鹰出来之前,这只鹿是临海人的精神图腾。

30

有一位门神跟临海有关,他叫尉迟恭。临海得名鹿城,据说跟他有关。

尉迟恭是隋末唐初的猛将，当年奉命修筑城墙，屡修屡塌，熬到冬天，看到一只梅花鹿踏雪而行，留下一串蹄印，一直延伸到北固山的"百步峻"之上。尉迟将军命人沿梅花鹿的蹄印修筑城墙，城墙坚固无比，从此，临海被称为"鹿城"。

只是我翻遍各类府志县志，并无尉迟恭任职台州的记载。有人说，修城墙的并不是尉迟恭，而是尉迟缭，只是因为尉迟缭名气不够大，临海人就把好人好事记到尉迟恭身上了。

反正都姓尉迟，你做他做都一样。

31

鹿城这名字已足够诗意，临海还有比鹿城更诗意的别名。

古时候它叫白云城，因城枕白云山。明清时，又被称为霞城，因其霞光满天。台州历史上第一张报纸，创刊于1912年，就叫《赤霞报》。

可以在揽胜门上来个集句联：白云升远岫，长城带晚霞。

32

阿尔巴尼亚的国家标志是一只黑色的双头鹰，临海的城市标志是一只黑色的大老鹰。临海最著名的雕像叫大鹏展翅，老百姓都管它叫大老鹰。

大老鹰很大，因为它高高在上，人不觉其大，实际上，它底座高41米，两翅之间的距离有15米，重达15吨。

大老鹰

33

临海人很精神，因此隔段时间就多一个新精神。

以前临海有十六字的城市精神——敢闯敢冒、负重拼搏、自加压力、奋勇争先。街头巷尾到处可见。

临海人一言以蔽之，称之为“大老鹰精神”。

34

大老鹰的鹰头朝向三峰寺的方向。坊间传闻，三峰寺那边有蛇精，因此雕了这只大老鹰，为的就是镇住蛇精，以阳克阴。

大老鹰的眼珠子红红的，不是得了红眼病，而是象征勇敢无畏。

35

大老鹰挪过一次窝，虽然只移动了区区一百米，却特地从宁波调来大型起吊机，搬家费花了一百多万元。

节俭的临海人自己搬个家，花上一千元都要肉痛半天，但大老鹰的搬家费这么高，他们却无二话，因为这不是一只普通的鹰，而是一只能给他们提供情绪价值的大老鹰。

36

大老鹰是临海人的精神图腾，也是临海的城标、路痴们的路标。

大老鹰建成后，路痴们认路有了参照物，喏，鹰头是大洋方向，鹰尾是崇和门，左翅是104国道，右翅是客运站。看看大老鹰，就知道车轮子该朝哪个方向转。

那时我在杭州工作，从杭州回临海，长途车要坐十几个小时，坐得骨头散了架。看到大老鹰，眼前一亮，心头一喜，精神一振：哦，卖糕的，终于到家了！

37

杭州人说，临海是我们的后花园。临海人说，杭州是我们的后花园。

是的哦，这两地的人经常在周末和节假日，互相到自己的后花园逛吃逛吃，耍子耍子（杭州话，游玩）。

38

原来临海的陆域面积有2203平方公里，相当于3个新加坡，或者2个香港，或者66个澳门。

前几年，头门港填海造田，加上东海滩涂自然淤涨，现在临海的最新陆域面积是2251平方公里。

别看才多了不到50平方公里，临海人却拿来做了好大的道场。

39

西北部的天台山脉和西南部的括苍山脉，勾勒出临海自西向东倾斜的地势。

西部层峦叠嶂，时有险峰峻岭，中部河谷平原，东部滨海平原。一条灵江奔涌向前，直入东海。

这就是临海真正的风水。

这个地势，同中国的整体走向大致相同。

40

临海因海得名吗？非也。临海得名是因为一座山，其名临海山，因海潮上溯至此，故名。

至于临海山是什么山，有人说是北固山，有人说是白马山。千百年来，人们为这事争论不休，到现在还没个定论。

这不奇怪，你能说清楚中国的“中”在哪里吗？

41

一滴水里观沧海，一粒沙中看世界。

临海地貌是怎么形成的呢？在更新世时期（从距今约 180 万年前开始，延续到距今 1 万年左右止），临海一带是浩渺的海湾，一片汪洋。

灵江不断冲积，泥沙不断堆积，慢慢地，这一带就成了陆地、平原和山丘。

沧海变桑田

42

看到如花这名字，多半会想到美女，看到临海这名字，都会认为城市在海边。

多年前，有个大西北的学子一心想走出大山看海，考上这里的最高学府台州师专，填报志愿时，他想，临海临海，肯定能看到海。报到后，他借了辆自行车，兴致勃勃地满城转悠，把临海城转了个遍，硬是没看到海。一气之下，退学了。

临海这名字，很有欺骗性，有海却不能时时看见，看海要跑到百里外。

43

现在在临海看海要费点劲，不过，临海以前随便在哪里都能看到海，那时大陆还处于海侵期，临海就在一片汪洋中。

地名可以证明一切，临海叫望海尖的有 11 处。临海白云山的原名，就叫望海尖山。

44

临海很多地名与水有关，什么河头、上浦、下浦、两水、里洋、湖头、大洋、后洋、西洋、浦口、双汇、汛桥、章后洋、章家海、岩子洋、朝天洋、丁家洋、阮家洋、白水洋、黄坦洋、水云塘……

临海五行不缺水。

45

用一句话证明临海是沿海城市——校门口卖海味零食。

我读书那会儿，哲商小学、台州中学的校门口，天天卖海味零食，春天卖咸鲜的海螺蛳，夏秋卖鱿鱼丝，冬天卖虾蛄干。同学们吃得一嘴腥气，吮螺蛳吮得两腮深深地瘪进去。

海味零食富含蛋白质，难怪这两所学校考上重点中学、重点大学的人数，在全台州名列前茅。

46

临海有山又有海。

山里人看不明白，海边人一只腌蟹脚能干掉一碗米饭。海边人也看不明白，山里人一条腌猪腿能吃上一整年。

47

有位兄台，家在山里，离海蛮远，小时候吃过的唯一海鲜就是咸带鱼。他没见过海，不知道咸带鱼是用盐腌过的，还以为海里的鱼天生就该是咸的。后来这位兄台考上杭州大学，才知道，海里的鱼原来是淡的。

他把这个故事说给象山的同学听，同学一脸不可置信，你临海人难道连这个都不知道？难道你连海都没见过？

这位兄台的网名叫媚眼，媚眼如丝的媚眼。生气时，就不是媚眼如丝，而是白眼如球了。

48

起名临海，却多山。162座山，444座峰架，构起了临海的天际线。

临海2200多平方公里的陆地总面积中，山地占到70%。

临海有靠山。

49

临海有山路十八弯，也有水路九连环。

海岸线分隔出大陆和海洋，临海虽然城区不“临海”，却是东海潮水上溯之地，海域面积有1590平方公里，还管辖着200多公里的海岸线，86个岛屿。

管得够宽的哈。

50

临海人有多爱水啊，高档的小区，叫云水山庄，叫临湖公馆，叫湖畔尚城，叫山水一品，都跟水有关。沈从文先生就说过，临水而居的人,河也好,海也好,总会让人多些机会凝眸人生远景,可放大希望和人格。

临海人最喜欢湖景房,面朝大湖,在此发呆。面湖的几幢湖景房格外紧俏,要托很大的关系才能买到。买到后,购房人还千恩万谢,好像白送似的。

51

临海的富婆富公都住哪里呢?不是临湖公馆,就是湖景国际。临湖公馆一到晚上都是乌漆麻黑的,富婆富公们都躲在地底下,搓麻将,打掼蛋,喝茶,聊天。

晚上十点以后,小区里才有点点灯火,因为富婆富公们打着呵欠,离开地下室,开灯上楼了。

52

临海的楼盘,名字都挺雅。不像一些地方的楼盘,爱起洋名,叫卡布奇诺、加州、普罗旺斯、欧洲城、曼哈屯……

我朋友,温州人,住的小区叫曼哈顿,整顿地名时,直接被改成曼哈屯。更有意思的是,曼哈屯在二手房市场,还有括号——(别墅)。除了曼哈屯外,温州鼎鼎大名的“欧洲城”,被改名为“矮凳桥小区”。

53

饭桌上,大家讨论临海是座什么样的城市。有人说临海是座英雄的城市，有陈克，有戚继光，有陈函辉……硬骨头列出一大堆。

一个才子站起来慢悠悠地说，英雄的城市，用来形容临海不够精准，这四个字，形容中国哪座城市都可以，你敢说中国哪座城市是孬种的城市？

也是哦！

54

不管什么帽子套临海头上，都挺适合的，临海可以叫书香之城，可以叫美食之城，可以叫阳刚之城，可以叫风雅之城，可以叫奔跑的城市——有奔鹿，有柴古唐斯，有马拉松，有朝气蓬勃的城市精神，还可以叫飞翔的城市——有大老鹰，有安基山滑翔。

就像你爱一个人，可以叫他心肝、宝贝，也可以叫他狗蛋、麻皮、挨千刀的。他都会应得很痛快。

55

老人家都说临海风水好，还不接受反驳。

他们说，临海古城，始建于晋，扩建于唐，北枕北固山，南拥巾子山，灵江绕城过。因为风水好，一座临海城，光一个南宋，就走出一个皇后五个宰辅，皇后是谢道清，宰辅是谢廓然、陈骙、谢深甫、钱象祖、谢堂，那时皇帝一上朝，朝廷里都是“俺”呀“俺”的临海腔。

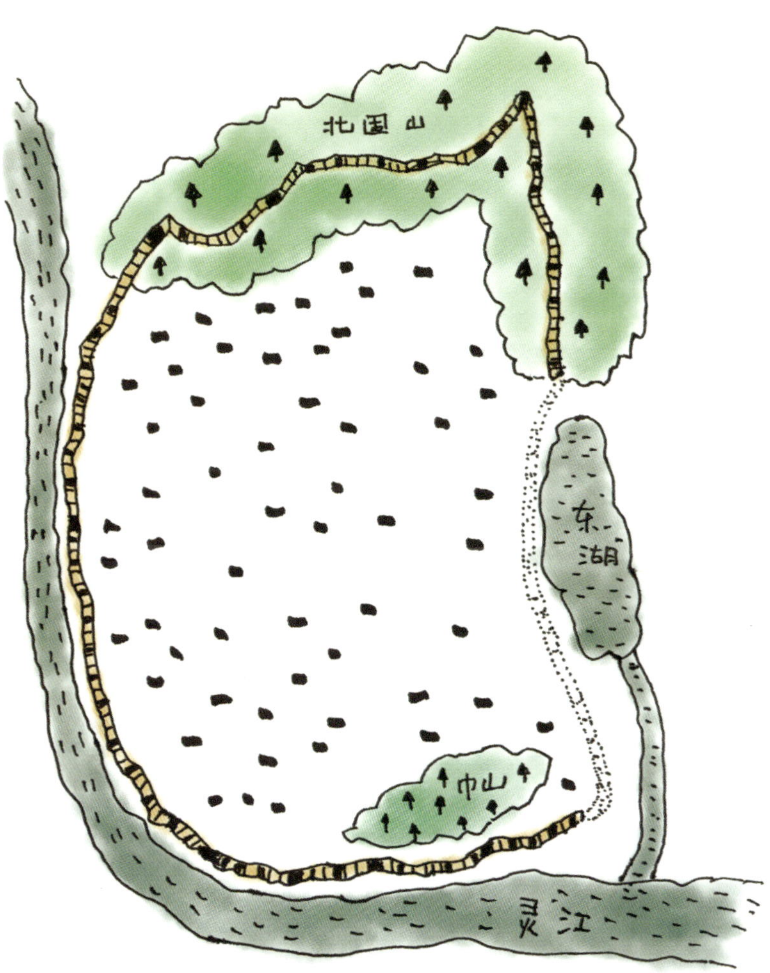

临海城，灵江绕城过

56

台州历史上第一个登上宰辅高位的人，是南宋的谢廓然，但《宋史》竟然没有为他立传。

这让临海人很是想不通，很想把编《宋史》的人从地底下揪出来问个明白。

57

临海风水为什么这么好呢？《中国国家地理》掐指一算，煞有介事地分析道：

从水脉的范围和流长来看，台州城是“五水共聚一堂（城）”。从山脉来看，东北方向有白云山，被视为城之祖山。祖山之下，北有北固山为屏障，南以巾山为前案，东西两面有护山环列拱卫。如此，就拥有一个北玄武、南朱雀、东青龙、西白虎四方皆全的理想格局。

说得头头是道，我听得将信将疑，难道《中国国家地理》是鼓楼下举着幡，戴着墨镜的麻衣相士王铁嘴办的？

这风水，快赶上六朝古都南京了啊。

58

传说台州府城的择址和布局，是大唐奇士李淳风所定。李淳风这个人，别看神神道道，还是有几把刷子的，此人精通天文、地理、道学、阴阳，是正史有传的博学名士，其神秘的预言能力和准确性令人惊叹。

他和另一名奇士袁天罡合写了一本《推背图》，这本奇书不是讲按摩推拿的，而是预言自天地形成以来的万年国运及兴衰治乱。

不知当年李淳风有没有推算出，千年以后，台州府治会从临海搬迁到椒江？

59

大唐还有个奇士叫张憬藏，是正史记载的相术奇人，他的神预言比乌鸦嘴还准确。

晚唐笔记小说《刘宾客嘉话录》记录了一个有意思的故事：裴光庭在朝中任宰相，是皇帝身边的红人。术士张憬藏很会看相，他瞅了裴光庭一眼，就在一张大纸上大书一个“台”字，直接扔给裴光庭，说，我怎么看都觉得老兄你要被贬到台州啊。

三日之后，裴光庭果然被贬到临海当台州刺史。

60

不管你信不信风水，有几件事，的确挺神的。南宋皇后谢道清入宫前，住在洗菜桥，庭院上空没来由飞来一群喜鹊，停在谢家的花灯上，谢家人都认为这是吉兆。

谢道清入宫后，果然成为宋理宗的皇后，成为南宋的国母。

61

谢皇后一生没有生育。宋理宗与宠妃贾贵妃生有瑞国公主,宋理宗视若掌上明珠。瑞国公主跟她的母亲贾贵妃一样,是短命之人,婚后三年就死了,年仅二十二岁。那一年,公主府的捣衣石上,停留着一只不知从何处飞来的黑鸟,簸箕大小,仆人皆以为是不祥之兆。到了年末,公主就病死了。

一群喜鹊,一只黑鸟,是巧合,还是命数?请鼓楼下的麻衣相士出来走几步。

62

谢道清的爷爷叫谢深甫。谢深甫考中进士后,调到嵊县任县尉,梦见当地庙神,七层宝塔上悬着一块金光闪闪的牌子,上面有一个大写的“相”字,还有谢深甫的名字。

谢深甫后来真的当了右丞相。他跟儿子说起梦中情景,不由感叹:乃知鼎富已前定,岂容人力。

这事真的有点神哎,就记在他长子谢采伯写的《密斋笔记》里。谢采伯是谢皇后的大伯。

信不信由你。

63

南宋陈公辅,官至礼部侍郎,这个人是一根筋,只要看不惯,就要放炮，写的书也叫《骨鲠集》，意谓骨鲠在喉，不吐不快。他还未发迹时，住在临海普济寺边上，有僧人跟他父亲说，如果此寺变为池塘，你家公子必能高中。陈父压根儿不信，好好的寺庙，怎么可能变成池塘？

没想到，因该寺地势低平潮湿，寺院迁往城之东北，这块地慢慢成为池塘。而陈公辅果然在太学上舍试中高中第一，即事实上的状元。这地方就被称为状元塘。

你说神不神？

64

台州府城墙是临海人的骄傲，又称江南长城。

外地朋友问临海人，你们的长城好看吗？

临海人把胸脯拍得“嘭嘭”响：好看，中国人不骗中国人！如果不好看，你让我下半辈子变成兵马俑，蹲到墙角守长城去。

65

铁打的古城流水的兵。江南长城雄伟巍然，一到节假日，古城墙每日“屯兵”几十万，都是天南地北来的客。

我的上海朋友爬江南长城爬上瘾了，国庆节又去了临海。问她爬长城累不累，她说一点也不累，三分钟只走了两步。

66

千年台州府，声名扬南北。从前老人们只要一说到去临海，都是面带敬畏，称“到府上去”。

巾子山的仙，括苍山的奇，灵江的潮，东湖的韵，龙兴寺的禅，紫阳街的闹热，江南长城的雄伟……要有多少的标签，才能在两千年间写就一座城市的传奇？

67

1994年，台州撤地设市，行政中心搬离临海。

临海人想得开，他们自我安慰：台州府衙虽然搬走了，但千年的文化底蕴是搬不走滴。

谁说不是呢？

68

别说临海人爱摆老资格，“资格”二字不是挂在嘴上，是写在城墙砖上的。

如果不信，你去古城墙数数最底层的古砖，上面可是刻有年代的，铁证如山。

从汉昭帝时代临海置县，称回浦县，到东汉建武年间改名章安县，到三国吴时称临海县，置临海郡，再到唐武德四年置台州，千年来，临海一直是台州的老大，是路、府、州、郡的治所和行署所在地，是货真价实的千年台州府。

老大当久了，格局与气度自然不一般。官当久了，还有官气呢。

69

有些城市数千年名字不变，有些城市，名字变了多次，比如临海，曾三改县名，回浦、章安、临海。

临海这个大名，诗意又大气。临海凭风，千年回眸。

临海有江河湖海，水能聚财，临海是全国百强县，实力在线。

70

临海的社会主要矛盾，是人民有限的胃容量和日益增长的餐饮店、美食品种之间的矛盾。

临海人有口福。这里贵为“中华小吃之都”“中国美食地标之都”，有两百多种小吃托底，是老天赏饭吃的好地方。

到临海来，不吃到扶墙走，来一次不胖上三斤，就算临海朋友没有招待好。

71

临海向来低调，这几年有点高调。临海人得意地说，木办法，实力已经不允许临海再低调下去了。再说了,酒好也怕巷子深啊。

72

临海每年都有那么几次高光时刻,不是央视跨年晚会放在临海,就是府城晋级国家 5A,不是超燃的柴古唐斯·括苍山地越野赛,就是回浦男篮夺冠。

风头那么劲,行事依然那么谦和,这是我喜欢临海的一个原因。

73

临海是全国首个获得“中国宜居城市”称号的县级市。

有个在杭州生活了多年的诗人跟我发毒誓:退休了一定要回临海住。如果不回去,就让他一辈子吃不到白塔桥的火烧饼、临海涌泉的蜜橘。

这毒誓真够毒的哈。

74

临海不是现在才宜居的,宋、明时,它就是有名的宜居城市。

有多宜居呢?明朝时,在朝廷做到省部级高官的临海人,一抓一大把,有外交部部长(礼部尚书)秦鸣雷、组织部部长(吏部尚书)何宽、住建部工信部水利部等相关部门主要领导(工部侍郎)金立敬、公检法司最高领导(刑部尚书)王宗沐。四位京城高官退休后,二话不说,直接打包回了老家临海,过着闲云野鹤般的生活,人称“四京堂”。

这几个离休老干部经常聚会,经常一起喝酒闲谈,写写老干体的诗,说说风雅事,从不谈时政,也不议人长短,革命晚节保持得很好。

75

不止临海籍离休老干部回临海养老,南宋时,就有八位国家级领导人到临海养老,他们是吕颐浩、范宗尹、陈与义、翟汝文、贺允中、王之望、杨栋等。都不是临海人。

你可以怀疑自己的眼光,但不能怀疑人家南宋国家领导人的眼光。

76

临海适合慢生活。

临海人讲话慢,走路慢,吃饭慢。我在临海,吃过最长的一顿饭,吃了五个小时,直接从中饭干到晚饭。

像我这样的急性子,每年应该抽时间到临海修行一番。修行地点不一定在龙兴寺,放在大小饭店即可,能放在新荣记最好,因为老祖宗说了,吃饭也是一种修行。

77

千百年的中心城市，生活比别地方要讲究，南宋时有勾栏瓦舍听戏，湖上赏花喝酒，山上望月吟诗，现如今，一年四季也都有消遣的把戏。

要说过日子，临海人都是一把好手。我以前采访过一个低保户，家里局促狭小，不过二三十平方米，但收拾得干净整洁，门前摆着几盆兰花，窗台上花瓶里插着洁白的栀子花。

即使日子过得拮据，生活也不能将就。这就是临海人的生活态度。

临海人，就算铜钱眼里也能开出风雅的花。

78

临海人一年四季都有仪式感：

春天一到，野草变成菜，野地里净是挖野菜的王宝钏，掐马兰头、摘花草（紫云英）、艾草、荠菜、蕨菜、野豌豆苗。临海人要吃春天的第一口鲜。

夏天要酿杨梅酒、葡萄酒。可以放上几十年不喝，但是年年都要酿几瓶。就像不一定看电视，但客厅肯定要摆台大彩电。

79

是不是台州老大，啥也不用说，看地名就知道了：府前街、府文庙、府城墙、府城隍庙，都带个“府”字；台州中学、台州医院、台州学院，都以“台州”打头。

临海当了两千年的老大，现在也是优等生，是全国县域经济百强县、全国县域高质量发展百强县、全国综合竞争力百强县、全国旅游综合实力百强县、中国创新百强县。

80

经济上是百强，人口有百万。全国有2800多个县级市，只有90多个县域人口超过100万，临海的人口是120多万。

就说这满街的文化人吧，按比例推算，怎么也得有小十万。

81

清晨煮水泡茶，傍晚喝酒看花，临海人有一百种慢悠悠的休闲方式。

练字、练拳、练瑜伽、练太极、练八段锦；跳街舞、跳排舞、跳交谊舞；打扑克、打麻将、打拳、打坐；养花、养鸟、养鱼；泡茶、泡酒、泡菜、泡咖啡、泡澡堂……

是个临海人都有三四种爱好，见了我就说，时间不够用。有个老人临走前，留下的遗言是三个字：没玩够！

临海人的悠闲生活

82

开门就是好山水。市区与景区天衣无缝地衔接在一起,景在城中,城在景中,有湖有山。

先天条件好,后天也很努力。就像一个美女,内外兼修,秀外慧中。

难怪那么多的机关干部,撤地设市搬迁到椒江上班后,每个周末都要回临海,退休了,更是坚决回到临海养老。

用他们的话来说,一回临海,整个精神气都不一样了。

83

台州有三个国家5A级景区,合起来叫"天仙配,长城做证"。

天是天台,仙是仙居,证婚人是江南长城。没有临海当证婚人,这天仙都配不成对。

84

台州府城墙作为"中国明清城墙"项目的一部分,十年前就已正式列入世界文化遗产预备名录。

如果申报成功,临海人会嘚瑟成啥样,简直不敢想象。

到时候,临海人可以一天吃四餐饭,外出戴两顶帽子。

85

有个驴友谈起在临海游玩的感受，说自己每次吃早餐，都觉得需要吃个水煮蛋补充蛋白质，但每次都因为早餐太丰富，吃得太饱而吃不下蛋，临走时，顺手拿餐巾纸打包放包里，一放就是一整天。

在临海，每一顿都在吃海鲜，但又每一顿都在饭桌上听同行的人分享他们尿酸过高和痛风的故事，以至于每一口都吃得胆战心惊。尽管担心，还是要吃到扶墙走。

这是多么饱的领悟啊。

86

临海自称为米其林小镇。有人想不通，哼，俺好好的历史文化名城，为什么偏要拿一个汽车轮胎当噱头？

我师兄陈小二为此还打了鼻头铳：听说，一个一百多万人口的东方城市，要把自己打造成一个西方做轮胎的中餐美食小镇；一个有上千年历史的古城，要把自己称为一个才办了几十年的饭店的老家。让我作为这个城市的市民情何以堪？

哈哈，师兄你落伍了哉！长三角的“吃货”，就是奔着这只车轮胎来临海的。

87

临海是个让人省心的好学生，工农业、德智体，全面发展，还不偏科。每逢大考，拿奖拿到手软——国家历史文化名城、全国文明城市、国家卫生城市、国家园林城市、中国宜居城市、中国优秀旅游城市、全国文化先进县、中国文化遗产保护典范县、中国文化竞争力十强县……

瞧这软实力，硬得都没边了。

88

哪些城市够得上历史文化名城的标准呢？比如杭州，中国六大古都之一，五代吴越国和南宋王朝的都城。比如绍兴，春秋越国都城。

临海是浙江最早被命名为历史文化名城的县级城市，“含史量”那叫一个高。

89

我朋友郑嘉励是考古学家，他有一句名言——上班就是上坟。

他挖过各种各样的坟，去过浙江所有的县城、府城。他说，在浙江，台州府城是保存得最好的古城。杭州是历史文化名城，不过杭州古城早已荡然无存。衢州也是历史文化名城，但遗憾的是只保留了一个城楼。丽水的处州城，在瓯江沿岸尚有断续保存。唯有台州府城，保留了大量的历史信息,让人得以一窥千年的历史风貌和文化信息。

可见,所谓"国家历史文化名城",临海最够格,如城墙一样"硬核"。

90

一到节假日,杭州人就高姿态地说:把西湖让给游客。

一到节假日,临海人的姿态也很高:把紫阳街和江南长城让给游客。

节假日的台州府城人山人海,走路不用迈步,后面的人流会推着你往前走。节假日,在府城走路是半自动的。

91

央视跨年晚会破天荒放在帝都之外的地方举办,选来选去,选定台州府城。没几个月,台州府城获评国家5A级旅游景区。

不明真相的群众说,哎哟,俺府城获5A,全靠这晚会。明真相的群众说,哎哟,俺临海出圈,全凭实力。

92

紫阳街火了后,其他城市也大力开发老街。临海人含蓄地说,紫阳街有千年历史,某某老街,离千年老街还差998年。

临海人有修养,就是骄傲,也是暗地里偷着乐。就算讽刺,也是暗讽,虽夹枪带棒,但不会怼得你下不了台。

临海人道行很深的。

93

临海人从头到尾都散发着“低调奢华有内涵”的气质,总是闷声不响大发财。

临海的阔佬,跟在红毯上穿着低胸礼服却用手捂胸的女明星一样,既怕人家不知道他们富,又怕人家知道他们富。

94

一个生动的城市,是由生动的市民组成的。或者说,有了生动的市民,城市才变得生动。

临海人有点魏晋做派,喜欢清谈,他们上知天文,下知地理,中间懂点人生歪理,可以从临海聊到上海,从西医聊到巫医,从摘杨梅聊到摘日头(方言,晒太阳),从泡茶聊到泡妞,从互联网聊到撒渔网,从古钱币聊到比特币,从道德聊到美拉德(一种色系),从泽国(邻市的一个乡镇)聊到联合国,从房贷车贷聊到传宗接代。

跟临海人聊天,不愁没话题。

95

临海人喜欢给人起外号,还喜欢拿海鲜喻人,没花头的人叫死白蟹，性格绵软的叫软潺，眼睛小的叫虾皮眼，嘴巴小的叫鲳鱼嘴，嘴巴大的叫阔嘴鲶鱼，长得黑的叫弹糊，难对付的人叫鳓鱼刺。

临海人还喜欢拿蔬果喻人，称出挑的人尖儿为顶头杨梅（顶头的杨梅因为光照足而甜度高）。以雪白笋嫩喻美人吹弹得破的肌肤，以笋梗样喻小伙子的挺拔俊秀。

96

临海有一句广为流传的民谚，“黄岩歪葭沚伢邪，台州府人死白蟹”，台州府人就是临海人，死白蟹呢，意思是空有外壳，没大花头。

临海人一点也不“玻璃心”，有时还乐呵呵地跟着自嘲几句，以示附和。要论肚量，台州九兄弟，没一个比得上临海。

自信的人才敢于自嘲。

97

除了爱给身边人起外号，临海人还爱给领导起外号。

我读中学时，汽车站、小商品市场、机电公司等还都在古城内，那时的古城墙、紫阳街、城隍庙，都是破破烂烂的，孔庙只剩下大成殿，龙兴寺有地无寺。后来临海搞旧城改造，一声令下，汽车站、小商品市场、机电公司等统统搬离古城。因为改造，老城拆除了好多违建房，搬迁了不少人，那时的市长名字叫广建，临海人给他起了个外号叫“广拆”。

现在临海人很怀念“广拆”主政临海的那段日子，说如果没有当年的拆与建，何来今天的5A？

98

临海“水很深”。在临海，切不可以貌取人。

一个跳广场舞的大妈，把钱存在家门口的一家小银行。有一次办业务，新来的柜员不知她底细，嫌她说话啰唆，穿着土气，对她爱搭不理。

大妈生气了，直接转走了一个亿。急得行长叫皇天！

99

临海有不少隐形富豪，有各种豪车，但临海最主要的交通工具是电瓶车，毕竟，古城原来的设计，并不是为了开车，而是步行。

那些局长科长，也骑着电瓶车，如脚踩风火轮的哪吒，迅捷地穿行在大街小巷。

临海人从银行取了几十万现金，骑上电瓶车就走，如一条泥鳅在江河中游动，游刃有余。家人坐在车后座，搂着腰，算是贴身保镖。

100

临海人看到一朵花，就想赋一首诗，看到一只火烧饼，就想搞个节。

临海人太喜欢过节了，洋节土节都要过，没有节日，自个儿创造节日欢天喜地过。临海有桃花节、油菜花节、柑橘节、杨梅节、生活节，村里有越剧节，镇里搞豆腐节。

101

临海人把柴古唐斯·括苍越野赛，搞成了整座城市的狂欢节，连春节都没这么热闹。在临海人眼里，柴古不是柴古，是多巴胺，是肾上腺素，是野性的释放，是对自己的挑战。

102

抢柴古唐斯的参赛资格，比抢春运火车票难得多。我女友没能抢到参赛资格，但为了表示对柴古唐斯的热爱，买了双格调很高的跑鞋，天天穿着在办公室办公。

103

临海的才子，很有意思。有个才子叫王斌，文章写得很好。看完电影《长安三万里》，感叹完大唐的雄健、阳光、大气后，他没有像别的文人一样，写篇影评大赞一番，而是向龙泉铸剑师定了一把与男主高适所用一模一样的长枪，梦想自己有朝一日能仗“剑”走天涯。

夜深人静时，他扛着长枪来到佩弦湖工地舞枪，被看场子的老倌当成精神病人。老倌发足狂追，才子抱头鼠窜。

104

有个文友，活干得漂亮，但在单位里很爱发牢骚，啥都看不惯。领导说他负能量满满，他回家后对着老婆又是一顿牢骚。

老婆点评得很含蓄，你做人就像鲁迅一样，具有强烈的批判精神。

105

我同学是书法家，幼时即练字，有童子功，他的字是按个算钱的，他写的招牌字挂到越南的饭店上。

每次开同学会，同学们都说他现在一字千金，肯定发了大财。他总是谦逊地摆摆手，哪有哪有。发财没有，请客吃饭的钱还是有的。

听说他的徒弟有三千人，快赶上孔子的学生三千了。据说他的三千徒弟中，至少有两千是临海人。

106

有人请临海才子吃饭，说是吃便饭，却上来一大桌的海鲜江鲜。才子很激动，马上蹦出一句汪国真的诗——我原想收获一缕春风，你却给了我整个春天。

这个才子很爱吃喝，什么都能跟吃挂上钩。洗澡不说洗澡，说焯水。

他不修边幅，一个冬天才焯一次水。但他一个冬天可以写一百首诗。

107

有个才子，刚学会打字时，很不熟练，他用五笔打“盲眼”两字，结果打成“媚眼”，遂将错就错，“媚眼”成了他的网名，使用率远远超过真名。

后来此人成了临海文旅的掌门。掌门去揽胜门暗访，出租车司机看到他头发花白，热情地告诉他，从揽胜门上江南长城，六十岁以上的老人可免费。掌门在揽胜门扶起一个跌倒的小朋友，家长让小朋友赶紧谢谢“阿公”。长城脚下跳广场舞的大妈，见了“阿公”也分外热情，想把他发展成舞伴。

早生华发的媚眼才五十多，郁闷得坐在长城上翻白眼。

108

媚眼到朋友家的橘园采摘，摘完橘子，朋友说，我这里养了不少土鸡，抓到哪只就归你。

媚眼一听，摩拳擦掌，拿出当年勇，撵得土鸡四处乱跑。媚眼搞集中战术，盯牢一只大公鸡穷追不放，公鸡窜上他窜上，公鸡跳下他跳下，一阵鸡飞狗跳后，追到大公鸡脱了力，束手就擒。

此事成为他平生得意事。得意程度跟府城拿下5A不相上下。

109

一个朋友很有忧患意识，东边打个雷，他就觉得西边要下雨。平素里喜欢囤家庭战略物资,疫情期间,囤盐一百斤、稻谷几十吨。

为什么囤稻谷?他说为了便于保存。这么多稻谷放哪里?放在自家工厂的仓库里。

三年疫情结束,仓库里的稻谷还是堆得跟山一样高。总得解决掉这些稻谷吧,于是,他养了一群鸭,成了鸭司令,隔三岔五请我们到他家里吃笋干炖鸭。

110

临海博物馆的馆长叫陈引奭(shì),很多人把“奭”念成“爽”。引爽引爽,叫得他不要太爽啊。

连舒婷看到这个“奭”字都要挠头皮,她说,临海太有文化了,连临海人的姓名对我都是个考验。

也有人读准了他的名字,边上有人听成陈隐士,以为他是大隐隐于市的高人。

111

陈引奭之前的老馆长叫徐三见,很有学问,是文物专家和文史专家,还是中国美术学院毕业的正宗花鸟画家。南宋《嘉定赤城志》就是他点校的,要不是他点校,没几人能看懂这本竖排繁体无标点的大部头。

他有眼力,懂收藏,但他当馆长期间,一件古玩都不收藏。为啥?避嫌!

人家都说他的大名“三见”，是见天见地见自己。结果他说，“三”只是辈分。

说得太简单了，让人没有发挥的余地。

112

在临海，是个文化人都会谈到项士元。项士元年少时，格局就大，老师以“五洲形势在胸中”为上联，命他作下联，他脱口而出，“千古英雄罗目下”。他早年投身北伐，任司令部秘书兼募兵主任。因为失恋，离开部队。后来他成为民国《之江日报》的社长兼主笔。

项士元是大学问家，写了很多书，收藏了很多宝贝。晚年他将一生所收藏的四箱字画和十五箱文物，全部捐给临海。

113

朱洗是生物界大神，人工培育出世界上第一只没有外祖父的癞蛤蟆。

1955 年，“除四害”运动开始，麻雀成为四害之一，人人喊打。朱洗多次为麻雀翻案，说麻雀不只吃庄稼，还吃害虫，不能消灭。但他的意见不被采纳，近二十亿只麻雀被捕杀。

五年后，上面终于有了回复：“麻雀不要打了，代之以臭虫。”至此，这场轰轰烈烈的消灭麻雀运动才告一段落。

世界上第一只没有外祖父的癞蛤蟆，是临海人培育出来的

114

左拉是法国著名作家，死后一百多年，小说还被改编成各种电影。中国第一个将左拉小说翻译过来的人，是毕修勺，他翻译了一千万字近三十部左拉作品。

1902年，左拉在法国巴黎逝世，毕修勺在临海出生。如果不是两地距离太远，我会认为他是左拉转世。毕修勺十七岁到法国留学，同班同学有周恩来、邓小平、巴金。

毕修勺生活上很烂污，有个外号叫烂污修勺，袜底磨破了，他就把袜筒往下一扯，当成袜底。

115

民国时，朱洗把巴金“哄”到临海。当时朱洗刚从法国回来，要回老家临海。经过上海时，对巴金猛夸临海的天气怎样温和，山水怎样秀丽，引诱得巴金心痒痒的，跟着他到了临海。

谁知天公不作美，刚到临海，迎接巴金的就是一场大雪，冻得巴金瑟瑟发抖。

116

被鲁迅称为“台州式硬气”的左联作家柔石，在临海就读过。柔石是民国时期的著名作家、翻译家，鲁迅十分信任他，说柔石是他“惟一的不但敢于随便谈笑，而且还敢于托他办点私事的人”。

柔石被国民党当局杀害，成为“左联五烈士”之一。噩耗传来，鲁迅在《为了忘却的记念》中，写下“忍看朋辈成新鬼，怒向刀丛觅小诗”的著名诗句。

117

朱自清到临海时，还是个毛头小伙子，只有二十四岁。他在浙江省第六师范（今台州中学）任教，年轻的朱老师看临海，什么都是新鲜的。

“燕子去了，有再来的时候；杨柳枯了，有再青的时候；桃花谢了，有再开的时候……”朱自清的散文名篇《匆匆》，就是在临海写的。

朱自清说：“我对于台州，永远不能忘记。”临海人也没有忘记他，以实际行动回应着他的深情告白，临海以他的名字设了个文学奖——朱自清文学奖。

118

朱自清在临海很忙，担任图书室主任，还要负责文牍、哲学、社会学、国文、国语、科学概论、公民常识、西洋文学史等课程。但再忙也挡不住小朱老师爱玩的心，他课余喜欢四处闲逛，“南山殿望江楼上看浮桥（现在早已没有了），看憧憧的人在长长的桥上往来着；东湖水阁上，九折桥上看柳色和水光，看钓鱼的人；府后山沿路看田野，看天；南门外看梨花——再回到北固山，冬天在医院前看山上的雪；都是我喜欢的”。显然，他在临海的这一段时间，心情很好。就因为小朱老师的心情太好了，有些八卦的专家还“考证”出他在临海有过一段刻骨铭心的感情。

小朱老师在桥上看风景，看风景的人在桥上看他。

119

抗战时，作家陆蠡在省立第六中学任教过，他说：“学校的所在地是离我的故乡七八十里的山间，然而已是邻县了。这地方的形势好像畚箕的底，三面环山，前一面则是通海口的大路，这里是天然的避难所和游击战的根据地。学校便是为了避免轰炸，从近海的一个城市迁来的。”

陆蠡是民国著名的散文家和翻译家，是天台人。他跟郁达夫一样，死于日军之手。

120

兴善门的城门洞下，有个驻唱歌手叫朱志清，临海人管他叫“歌手朱自清”。这个“朱自清”在工厂打工，工作辛苦，他喜欢唱歌，业余时间背把吉他，晚上跑到城门洞前自弹自唱，驻唱点前放个收钱的二维码，给不给钱随便。

临海人和善，没驱赶他，帮着维护秩序，出钱给他升级了音响，还给他办了张“演艺街唱”的牌照。这是临海办出的第一张街唱牌照。

“朱自清”是第一个在城门洞驻唱的流浪歌手。现在他的名气，在古城，快赶上文学家朱自清了。

城门洞下的歌手

121

朱自清到临海，走的是水路，由沪杭搭轮船到台州海门，再由海门乘船到临海。船到江下街埠头后，再坐轿子到学校。

郁达夫到临海，走的是陆路，坐的是雪佛兰轿车。郁达夫是个旅游达人，喜欢到处溜达，到临海候午潮过渡时，得了两三个钟头的空，去东湖拜了忠逸樵夫之祠，上巾山的双塔下，看了华胥洞、皇华丹井。

不要奇怪郁达夫为什么这么爱玩，他说过："狗尚且好游，人岂有不好游的道理?"

说得好!

122

"人生几何，恋爱三角"，民国的文艺圈相当开放。

郁达夫与王映霞的婚变，跟一个临海人有关。作家张发财在《一个都不正经》中，写了一段不分时间不分顺序只有八卦关系的故事——

张道藩的情儿是蒋碧薇，蒋碧薇的老公是徐悲鸿，徐悲鸿的姘头是孙多慈，孙多慈的老公是许绍棣，许绍棣的情儿是王映霞，王映霞的老公是郁达夫。

这关系绕得人头晕。

123

许绍棣是临海人，是民国时浙江教育厅厅长。抗战时，郁达夫托丧偶的许绍棣照顾妻子王映霞。许绍棣照顾得很周到，引来风言风语。郁达夫受不了，冲动之下，登报亮家丑，造成了夫妻之间不可弥补的裂缝，最终导致婚变。

离婚后，郁达夫气也没消，他在《贺新郎》一词自注中，控诉了这位不够意思的哥们“许君”。

124

郁达夫与王映霞的婚事是章克标撮合的。章克标是郁达夫的朋友，也是金庸的中学老师，在省立第六中学任教过。

章克标是民国文坛的活跃人物。他与民国美男子邵洵美联手创办的时代图书公司，是当时中国出版界规模最大的出版机构。他因《文坛登龙术》而声名大噪，也因此成为鲁迅的嘲讽对象。

章克标活到一百零七岁，他说自己的长寿之道是喝粥，早也喝，午也喝，晚也喝。他百岁时，还在报纸上为自己公开征婚。

125

许绍棣娶了徐悲鸿的学生兼情人孙多慈。这段婚姻是他的绯闻女友王映霞撮合的。

徐悲鸿去世后，在台湾的孙多慈痛不欲生。在许绍棣的默许下，她为徐悲鸿守孝三年。

民国文人真是率真风流啊。

126

临海人经常把杜甫的“台州地阔海冥冥，云水长和岛屿青”拿来打广告，却从不付他老人家一分钱的广告费。

杜甫跟大他二十一岁的郑虔是忘年交，杜甫为郑老哥写过不少诗。老郑被贬临海，杜甫写下《题郑十八著作虔》，“台州地阔海冥冥，云水长和岛屿青”就出自其中。

郑虔排行十八，故称郑十八。

127

临海有个诗人，叫陈十八，不是因为他排名十八，而是因为他体重一百八。

陈十八是金融界的小胖子，诗写得很好。

128

临海有个肚抖喜剧社，表演脱口秀。为什么叫肚抖呢？因为主理人长得圆滚滚胖乎乎，笑起来肚子看上去在抖，大家就将俱乐部取名为“肚抖”。

如果只听音,以为叫肚兜呢!

129

从肚抖喜剧社想到当年的知社。新文学运动时期,各种文学社团层出不穷,有周作人、郑振铎、沈雁冰、许地山的文学研究会,有郭沫若、郁达夫等的创造社,有徐志摩、闻一多、梁实秋的新月社,有鲁迅、钱玄同、林语堂、刘半农的语丝社,有叶圣陶、朱自清、冯雪峰的晨光文学,还有许杰、王以仁等一干台州籍文学青年在上海成立的知社。

为什么叫知社呢?许杰说,临海话中,"知"的谐音是"猪",乡音戏称他人为"猪头三",衍生开来,便有猪头一、猪头二……"知社"由此成立。

130

台州中学的文学社叫紫藤文学社,跟校园内的紫藤花有关。

这棵紫藤花芳龄有三四百岁,龙盘蛇虬,苍古可爱,见者无不赞叹。朱自清在文章中肉麻地称它是"肉呀,心肝呀"。当时省立第六中学的校长叫徐道政,住在紫藤花边上,他把自己住的地方称为"藤龙窟"。

徐道政也是个牛人,他是诸暨人,前清举人,曾自编《中国文学学》讲义。

131

有个才子，姓林，在临海的地摊上买了本旧书，发现书里夹了封火辣辣的情书，他叫来一帮狐朋狗友，开始破案。

后来，极具八卦精神的他，成了省里一家都市报的副总编。这家报纸发行量很大，最喜欢登市井消息，登的消息都很八卦。

132

有个高校教授，姓高，名飞，我叫他高教授飞。他长得很帅，年轻时是本地最高学府的四大美男之一。他说自己是搞经济的能手。我问他搞什么经济，他说是“唾液经济”。

他的“唾液经济”这几年不断发展壮大，他办班讲课，腰包很鼓，比龙兴寺的大鼓还要鼓。

133

文人一般都是文弱的，但也有不文弱的。编《台州编年史》的马曙明，是南下干部的后代，高大威猛，文武双全，是缩山拳的正宗传人，听说还会别的杂七杂八的拳。他是临海文人中武功最厉害的，也是临海武人中文功最厉害的。他在临海武术界是一个神一般的存在，在临海文化界，是一个仙一般的存在。他有很多徒子徒孙，徒子徒孙若有幸被马老师点个赞，激动程度堪比得到梦中情人的热吻。

马曙明长得很有欺骗性，看上去比实际年龄小十来岁。不知道是写书使他年轻，还是练武使他年轻？

134

马曙明又生猛，又风雅，开车时听海豚音王子维塔斯的《星星》，维塔斯一声“呀”，高音飙得穿云裂帛，听得马老师起了一身鸡皮疙瘩。他觉得此曲只应天上有，人间难得几回闻。如此华美大气的声音，必须要搭配同等的美景才够味，好比吃牛排要配红酒，吃料理要配沙拉，吃方便面要配调料包。

马老师油门猛一踩，车子一溜烟开出城，开出十几里山路，直到山清水秀处，再听维塔斯的曲子，果然听出了跟闹市不一样的感觉。天籁啊天籁！

维塔斯不来临海为马老师举办一场个人演唱会，有点说不过去啊。

135

有个才子，经济基础不好，家庭压力重，工作之余经常接私活。一开始，他说给老婆赚点脂粉钱，后来有了儿子，说是给儿子赚点奶粉钱。

现在老婆老了，儿子大了，他说给自己赚点蛋白粉钱。

136

紫阳街有个民国当铺，叫余同丰。从省城回来的金飕，把破破烂烂的老当铺，改造成前院书店后院民宿，改造好的民宿就叫余丰里。民宿开业后，经历过台风、水涝、疫情，一道道难过的关都过来了，我以为啥难关都难不倒他。没想到，他哀叹，英雄难过牙齿关，电钻一响，七魂丢了六魂。

金郷有句名言，不要说自己错过了发财机会，后五年看前五年，处处都是商机。我跟他时不时见个面，但他从不告诉我现在有什么商机。

137

有个姓李的手艺人，擅做明式家具，喜欢半夜在紫阳街高歌。他到博物馆看老家具，为了看得仔细些，钻到桌子底下，被保安拖死狗一样拖了出来。他做圈椅时，把圈椅想象成美人的香肩，说这样才能做出上好的圈椅。

因为手艺好，朋友都找他做家具，他又不好意思多收钱，结果一年做到头，不仅没赚到钱，还累得半死，屁股后面还有一大堆订单追着他。他烦死了，家具也不做了，跑到山里养牛去了。

138

韩美林是临海女婿，被誉为最接近齐白石的艺术家，奥运会的福娃就出自他手。太太周建萍是作家，是四地韩美林艺术馆的总馆长。韩美林与周建萍相差 28 岁的忘年恋，证明灵魂上的契合，远比年龄上的匹配来得重要。

周建萍是临海囡,外婆家在援越路(现叫永安路),外公原是台州医院的老中医。小时候,她每年都要回临海的外公外婆家,一个“俺”字,是她最熟悉的乡音。

139

临海人会生活。改革开放初,一夜之间,临海冒出一批游戏厅、舞厅、溜冰场和台球场。那时的东湖球场不打球,男男女女搂着跳交谊舞,嘭嚓嚓,嘭嚓嚓。那时的嘭嚓嚓,跳散了好几个家。

后来舞场变成旱冰场,我在那里学会了溜旱冰,溜冰时,风在耳边呼呼过,感觉自己很拉风。

140

最近几年,关于延迟退休的消息一个接一个。

一个临海朋友,十年前就规划好了自己的退休生活,下下馆子,泡泡堂子,逛逛园子,种种果子,吊吊膀子,养养狗子,抱抱孙子。他说:如果真的要延迟退休,我就让自己提前“报废”。

141

如果要评休闲城市,全省除了杭州,临海最有资格。

临海人很安逸。改革开放初期,数临海人最闲,那时,“温岭路桥机器轰轰声,临海街头麻将咯咯声”。

一到周末，临海街头到处是哗啦哗啦的麻将声。老酒吃吃，电视望望，麻将搓搓，白搭卖卖（方言，说闲话），小日子过得味道得猛（方言，很有味道）。

临海是座有松弛感的城市。

142

相比于打扑克，临海人更喜欢搓麻将。一个大叔说，岁月把我的脸变成了一张九索。一个大妈说，岁月把我的腰身变成了一筒。

不愧是千年台州府，满街文化人，才能想出这么形象的比喻。

143

临海人以前不争不抢。千余年的府城，南宋的辅郡，抢与不抢，都在这里。临海人很淡泊。

不知从什么时候起，自命淡泊的临海人不淡泊了。坊间流传“临海八争”——跟温岭争曙光，跟黄岩争蜜橘，跟仙居争漂流，跟天台争祖庭（佛教天台宗），跟椒江争中心（城市中心），跟路桥争市场，跟三门争滩涂，甚至跟北京争长城。

临海人不是一味淡泊，也是有好胜心的。

144

说说争曙光的事。新千年的曙光，让头发空心的温岭人率先尝到甜头。临海人回过神后,赶紧争抢新世纪的第一缕曙光。为此,临海与温岭争得脸红脖子粗,各自搬出权威气象台撑腰,嘴仗笔仗一打就是几个月。

最后,争者都有份,以“山海同光”四字和了稀泥,平息了纷争,至此,两市的“曙光之争”才宣告结束。

145

临海人经常挂在嘴里的“淡泊”,我已经好久没听到了。

现在,奋勇争先是临海的城市精神。

146

地名是“本地人的脸,外地人的眼”。

汪曾祺说,老北京的胡同,影响了北京人的思想。我要说,府城的街巷,塑造了临海人的性格。

什么紫阳街、摆酒营、龙须巷、九曲巷、登瀛巷、香添巷、棋盘巷、友兰巷……光看名字,就知道临海的文化积淀有多深,比老茶缸的陈年茶垢还要深。

147

“黄岩人半夜行动,临海人三日勿动。”临海人很沉得住气。临海人用三个字概括这种行为——耐孜孜。

临海人“耐”到什么程度呢？哪怕老虎追到脚后跟，也要先看一下是公还是母。

148

之前，住我楼上的一个姓章的女邻居，跟我说，她在临海生活了六十年，巾山还没上去过。

见我大惊小怪，她淡淡地说，巾山又不会搬走，早一天看迟一天看有什么关系？

临海女人老实个耐（方言，确实沉得住气）！

149

临海人总赶得上潮流，虽然比大城市慢一拍，但比别的县市要快几步。改革开放初，兴起跳舞热，满城老孺人（方言，中年妇女）吃了饭，饭碗一丢，嘴巴一抹，就去跳舞了。有段时间，流行美发定型发胶，女人头上都高耸着一座北固山。流行踏脚裤时，从少女到老妇，人腿一条，好像是市里统一下发的市民裤。

我有个同学家里条件差，看到同学都有踏脚裤，也跟大人哭着闹着要，为此不惜绝食两餐。

那时还流行打台球，街上到处摆着台球桌，白天黑夜都有弯下身子手握球杆瞄准的人。顺便说一句，上世纪90年代初，临海的台球桌与台球杆制作在全国就很有名了。能够把娱乐玩成产业,是临海人的本事。

150

临海的小吃被称为糯叽叽的小吃,临海人的性格也是糯叽叽的,脾气温软,性格谦和。所谓的糯叽叽,用临海话讲,就是“韧纠纠”。

临海人儒雅,从不剑拔弩张,喜欢说理,难得吵一回架,也是文绉绉的,可以耍破嘴皮子,但绝不会拔刀子。

151

临海人颇得中庸之道之精髓,他们喜欢讲的三个字是“糊糊牢(和和牢)”(方言,凑合)。临海人不太会走极端。

临海人还有一句口头禅是“呒告”(方言,没关系),临海人很想得开。

152

临海女人很会拾掇自己,夏天院子里长几株凤仙花,女孩子会摘下花朵涂指甲,染得纤纤十指淡红色,再翘一个兰花指,露出八颗牙。

临海女人比较柔媚,翘兰花指的女人比别地方要多,翘得也比别地方好看。

153

临海人表达感情的方式比较特殊。

临海方言里没有“亲爱的”，只有“高炮鬼”，没有“心肝宝贝儿”，只有“天诛儿”“天诛囡”（方言，天杀的娃）。

最大的爱，不过是“中意”。

154

是不是老底子临海人，就看他会不会说洗菜桥的故事，有没有在江南长城上拗过造型，去没去过龙潭岙野过炊，捉没捉过望江门滩涂上的小沙蟹，看没看过渔民在灵江浮桥上撒渔网，搭没搭过灵江上的“顺风船”。

155

椒江叫小上海，三门是东方的圣地亚哥，温岭石塘是中国的巴黎圣母院，临海就是临海，才不高兴跟人家比呢。临海人的内心总有几分小“傲娇”。

哼，我就是我，不一样的烟火。

156

老底子的临海人习惯以灵江为界，把台州分为上乡和下乡。灵江以南的温岭、玉环等滨海城市称为下乡，以北的天台、仙居等山区县称为上乡。

我大学老师说，上乡人认为下乡人刁、滑，下乡人认为上乡人笨、木。临海人兼具上下乡之长短，比较中和。

157

临海人想得开，他们说：在临海过日子绝对舒适，钞票少挣点不要紧，人开心顶要紧。不像下乡人，腰包鼓，钞票多，但总感觉是劳碌命！

街头摆小摊的老伯爷也跟我说，做人，穷点富点不要紧，关键是心态要好。

到底是历史文化名城，连平民百姓，说起话来都像哲人。

158

上海有上只角和下只角。“上只角”原指上海的租界，后来泛指富裕阶级聚居的地段，反之则被叫作“下只角”。

临海也有上角和下角，临海人也会自称上角人或下角人。不过，这不是地域歧视，只是以紫阳街的南北方位来区分，北端为上，南端为下。

159

从前临海的口号是“千年台州府，满街文化人”，现在有了新口号

“千年台州府，江南真宋城”。

“真宋城”三字甚妙。人家是伪古董，我是真宝贝。

临海人吹捧自己时，也吹得比较含蓄和低调，不像隔壁某县吹得那么赤裸裸。

160

临海说自己“真宋城”，并非吹牛。临海有全国现存最完整的千年府城，有最有韵味的宋代老街。拿一张南宋《嘉定赤城志》的罗城图比对比对，可以看到，当年的街巷都还在那些老地方，一千年没变过。

今人穿越回宋代，能找得到老路。宋人穿越到今日，能识得了街巷。

161

临海含文量很高，自古就有“小邹鲁”之称。

什么是邹鲁？邹是儒家亚圣孟子的故乡，鲁是儒家圣人孔子的故乡，邹鲁就是文化昌盛之地的代称，类似于现在的文化大省、文化大市。

162

据《台州地区志》统计：台州历代考中进士者 907 人，临海占了大头，达 357 人，每 5 个进士中，就有 2 个是临海人。

两宋时期，临海共出文进士 217 人、武进士 12 人，总数列全国第六，妥妥的文化大市。

163

状元是古代科举考试金字塔的塔尖。中状元，意味着走上人生巅峰。古人曰过，就算你拥兵数十万，恢复幽蓟两州，高奏凯歌回朝，在太庙献上捷报，亦不及状元及第风光荣耀。

164

台州历史上，有过三个文状元，都出在临海，分别是南宋的王会龙、元朝的泰不华、明朝的秦鸣雷。

若是算上上舍考试第一名（相当于全国高考第一名）的陈公辅，一共是四名状元。所以陈公辅的故居有个遗迹，历史上一直称为状元塘。

165

秦鸣雷当上状元，是因为爹娘给他起了个好名。

当时原拟给他一个榜眼（第二名）。原定的状元叫吴情，明世宗说，这破名也能当状元？那年天下大旱，明世宗正要去京郊登坛祈雨，见到“秦鸣雷”的名字，觉得是好兆头，晴天响雷，预示着要下大雨，于是钦定他为状元。

166

秦鸣雷一家都很牛，都是学霸，两代出过五名进士。本人是状元，父亲、伯父、叔父、仲兄，全是进士，都在官场上混得风生水起。

秦鸣雷官至南京礼部尚书，学问也高，参修《明会典》，总校《永乐大典》，著名戏曲《清风亭》就是根据他的《合钗记》改编的。他生活上也很有情趣，喜欢花下喝个酒，头上簪个花。

167

临海三状元中，有一位少数民族状元泰不华。那时没有少数民族高考加分政策，他的状元是实打实的。

泰不华是色目人，父亲塔不台到台州当官，死在任上，他被临海名儒周仁荣收养，十八岁就高中状元，官至翰林侍讲学士，后空降到台州当一把手。在平定方国珍之乱时，四十九岁的泰不华与三十四岁的方国珍海战，战死在永宁江畔。死后整个身体依然站立不倒。

泰不华是名臣，也是文坛大家，他的书法《陋室铭》收藏在故宫博物院。

168

本来临海在南宋时还有可能再出一个状元。陈骙参加礼部主持的省试，获得第一。省试之后是殿试，皇帝钦点状元时，一般会尊重省试的排名。当时秦桧十七岁的孙子秦埙也参加省试，秦桧就暗中做手脚，把孙子的名次搞到第一。殿试时，宋高宗不愿秦家独大，钦点张孝祥为状元。陈骙就这样错失了快到手的状元。

陈骙后来官至参知政事（相当于副宰相），还写了本《文则》。这是中国历史上第一部修辞学专著。

169

一个地方，人杰不杰，地灵不灵，可以翻翻二十五史。二十五史中留名的台州人，共有一百一十五位。

从人才地域分布看，当时台州六县中，临海最多，有四十四人，占比最高。

临海藏龙卧虎。

170

街巷中时有不露相的真人。

有个太极宗师叫洪涤怀，是清代大学者洪颐煊的后人。九十多岁，走起路来摇摇晃晃，连个热水瓶都拿不稳。有个壮汉自恃练武多年，要同老人家“切磋切磋”。

老人家不动声色，接受挑战。壮汉出手时，老人把壮汉一把举起来，直接甩出三米远。

171

不要小看台州府城穿古装的卫兵,他们是有真功夫的。我知道的一个,就是特种部队退役的,八块腹肌,一身功夫,自由搏击,器械全能,舞枪弄棒取悦游客时,玩的可不是花拳绣腿。

172

临海的有钱人,有了钱后喜欢行善。有个土豪,平素笑眯眯,很低调,其实他身家不菲,在非洲有矿,在京沪有房。回到村里,就化身为小绵羊,见人就露八颗牙,逢人就掏中华烟。

他有辆车,专门用来救援,哪里有人被困,他和车子随叫随到,救援装备比专业的还要好。

173

沪杭小资到临海旅游有五件套:爬一回古长城,逛一次紫阳街,住一晚余丰里,吃一顿新荣记,喝一杯草糊拿铁。

打卡后,在小红书和抖音上对临海猛拍彩虹屁。

174

临海人把爱吃的人称为贪嘴货。

佛教徒到龙兴寺朝拜,贪嘴货到新荣记朝拜。贪嘴货提起临海,不说什么千年台州府,而是说,新荣记的祖庭,新荣记的元宇宙。

175

过去,临海人只有日生活,没有夜生活。现在,临海人的夜生活很丰富,长城脚下听乐队,咖啡吧里吹大牛,小剧场里听脱口秀,地下室里打掼蛋。

176

临海有个老作家,一生痴迷文学,平素省吃俭用,省下来的钱,都用来自费出书。出了书后,逢人就送。热衷于拿奖,经常花钱买回一堆证书和奖杯。

七十多岁时,他跟我说,如果能参加一次省里的作家代表大会,他就死而瞑目了,因为这代表着对他作品和写作能力的认可。

老作家走了有多年,不知道现在他的眼睛闭上没有?

177

读大学时,教我们政治经济学的老师说,你们都是学中文的,毕业后就要为稻粱谋了。为了养家糊口,恐怕没有时间没有心情写散文了,等实现共产主义,都是按需分配的,那时大家都有时间写散文了。

178

临海人比别地方的人,更看重文化。

一个女文青,在报纸上发表了一篇“豆腐干”,土豪老公骄傲得不得了,送了她一块卡地亚名表,还奖励了她一趟出国游。

另一个女文青,写得一手好字,银行家老公把她捧在手心怕摔了含在口里怕化了,什么家务都舍不得让她干,言必“我老太”(方言,我老婆)。

179

台州撤地设市,行政中心从临海搬迁到椒江,临海人一开始也是牢骚满腹的,他们叹息,临海从此成“废都”了。

机关干部周一到椒江上班,周五又返回临海的家,内心有点失落,有点伤感,于是集体诌了一首打油诗:周一路漫漫,周二心凄凄,周三夜茫茫,周四黎明前的黑暗,周五胜利大逃亡。

这首打油诗,嵌的全是当年流行的电影名。

佩服!临海人就是发牢骚,也发得比别地方的人有文化。

180

临海人有办报癖,像样点的企业,都喜欢办张报纸,一办就是几十年。

恩泽医疗中心有《恩泽视窗》，华海药业有《华海报》，永强集团有《永强报》，远洲集团有《远洲报》。最爱办报的是伟星集团，先办《翠珠报》，后办《伟星报》，后来又办了《伟星新青年》。此外，还有《大经报》《东方永安报》《先锋科技报》《东海翔报》什么的。规上企业如果不办张报纸，都没脸谈文化。

如果忽略发行量，临海的报纸种类直逼传媒行业最发达的北上广。

181

临海有没有文化，一个温岭大妈的观察角度很有意思。

她说，临海的菜场里，菜贩子通常都能讲一口流利的普通话，别地方的菜场，菜贩子只会讲土话，偶尔讲句把普通话，也是"洋夹土"。

182

临海人热爱诗与远方，经常在饭桌上举办诗歌朗诵会。饭桌上的诗人，不分年龄不分诗龄，吃得兴起，掏出手机，激情满怀地朗诵自己写的诗，你方唱罢我登场，没完没了。

没有"文学细菌"的客人，听得一身鸡皮疙瘩，走也不是，不走也不是。

随时随地诗朗诵

183

临海最活跃的诗人群体，不是怀春的少女，而是退下来的老干部。他们创作欲格外旺盛，一天可以写数首甚至十数首诗，有现代诗，有古体诗，还有打油诗。

我师兄姓胡，迷上了古体诗，一天到晚平仄仄仄平平，见啥都赋诗一首。他岳母生病要住院，办理入院事宜之前，他先赋诗一首发朋友圈。

184

临海的大小老板，谈吐间也喜欢显得自己有文化。一个土豪为外地朋友送别，端着酒杯赋一句诗，“又送王孙去，萋萋满别情”，虽然赋的是白居易的诗，但浇的是自己的块垒，而且很贴切。

遇到多年未见的朋友，土豪为他接风，又来一句杜甫的诗：“人生不相见，动如参与商。”

好诗好诗，酒吃三杯。

185

隔壁某县，地标建筑物上的大字，喜欢找领导题，本想流芳百世，结果领导不争气，出事了，又着急忙慌连夜铲除掉领导的墨宝。

临海人没把领导看得那么重，他们才懒得找领导题字呢。本世纪初东湖修缮，添了数处亭台楼阁、楹联匾额，撰联书写者都是海内文学和书法大家，没有一个时任领导。

186

上世纪八九十年代，临海就有全台州最多的书店。临海人喜欢买书藏书，有钱没钱，家里都要有几本世界名著充门面，否则就会被人看不起。

我朋友他爹那时在实权部门当一把手，是南下干部，廉洁得很，人家找他办事，送烟呀酒的，他统统不要。只有送书他才收，无论新旧，破书也行，只因为儿子爱看书。

187

临海人爱读书，临海图书馆的借书量，多年来一直排名台州第一。

临海人很文艺，临海图书馆借出的书籍，排名前三的都是文学书。

188

临海书店多，书摊也多。

我读中学时，正赶上金庸热琼瑶热，上课时，同学们都在偷看金庸和琼瑶的小说。老师发现后，二话不说，当场没收，下课后，带回宿舍自己看。

那时同学们的书都是书摊上借的，有押金，只好绞尽脑汁写检讨，想找老师要回这些书。

一遍通不过，再写一遍。上课看小说最多的那位，后来成为作家。写检讨最多的那位，成了领导的大秘。

189

一个才子，爱书成癖，家有藏书万卷，书房摆不下，只能堆放在一楼车库里。结果台风来了，水漫金山，车库里的藏书全被泡在水中。

才子悲痛欲绝，说藏书被淹，给自己的精神造成巨大打击，至少要折寿五年。原本能活到一百岁，现在最多只能活到九十五岁。

190

临海人最高的待客之道，分为动静两种。

静的是请你喝茶吃饭，“客气不客气，请吃新荣记”。动的是陪你环湖晨跑，括苍骑行，柴古越野。后者的难度系数更大。

临海要打造“中国户外运动之城”和“长三角户外运动胜地”。讲究的临海人跑个步，爬个山，越个野，钓个鱼，都有全套行头。临海人省归省，但很舍得为自己的爱好买单。

191

风雅是临海人的标签，活力也是临海人的标签。

临海人最近几年变野了，出现了“返祖现象”。

家里好好的床不肯睡，非要睡到野外去，山顶、湖边、公园……云当被子地当床，冻得瑟瑟发抖，还美得冒泡。

192

各个城市的体育赛事,都喜欢冠以“国际”二字。没有国际友人怎么办?拉上几个非洲兄弟来凑数。

临海赛事多,但不爱用“国际”二字,也从不拉非洲兄弟凑人头,却能吸引三十几个国家的人自发来参赛。

这才是真正的国际范儿。

193

我朋友,经常上台发表重要讲话,说是“最后一点”,却能扯上两小时。为跑柴古,准备了两年。问他跑柴古紧张吗,他一脸淡定,说自己这辈子还不知道“紧张”二字是怎么写的。

结果音乐响起来,口号喊起来,开跑的号令还没发,这位仁兄心率已经到了180,未开跑,脚先软。

临海人把柴古唐斯·括苍越野赛简称为柴古。跑完柴古,浑身骨头像散了架,仿佛被人狠揍一顿,难怪柴古唐斯又被跑友称为柴古荡死、拆骨躺尸。

柴古唐斯不是洋话,而是土话,是皮痒欠揍的意思。

194

临海的平民百姓很有生活趣味。我认识丁蔚慧的时候,她还在书店当临时工,闲下来喜欢看书写作,喜欢给报社投稿。后来,她回老家涌泉当电商卖橘子，成为独当一面的女强人，生意做得风生水起，成了当地的小富婆。

有钱了，她依然没有忘记自己的文学梦。卖橘子，一年只忙一季，别的季节，她写散文，开微信公众号，听越剧，养花。每次有喜欢的文化讲座，不管多远，她都会开车过去听。

195

贩夫走卒的生活也很有情趣。一个饭店小老板，每天只花四五个小时经营小饭店，别的时间，不是睡觉就是玩，K 歌，蹦迪，打麻将，兴头都挺大。但是，兴头最大的，是夜间到山谷里、田垄上，嗅着大自然的气息，小睡一觉。

他偶尔也会给在北京当教授的同学丁启阵打个电话，没别的事，只是让对面帮忙考证一个家乡方言的难字，或是询问一句老话的出处。

丁教授跟我说，他很羡慕临海人的这种生活状态。其实，老家人也很羡慕他，身在北京，身为教授、学者，还忙里偷闲生了三个娃，没给临海人丢脸。

196

回浦排档的老板很“拽”，一年到头在油烟里熏陶，依然身白如瓠，江湖人称“小白肉（小白玉）”。店里只有他一个人掌勺，饭店想开就开，想关就关，啥时开啥时关，说不准，主要看心情。晚上很早打烊，因为不能影响他每晚泡澡堂。每周必去一次歌厅，歌瘾来时，再大的生意也不做。熟客要拍好久的马屁，他才勉强炒两个菜。食客感叹，在新荣记都没这么低声下气过！

老临海人说他老巴巴（方言，老三老四），年轻人夸他有格调！

197

双平麦虾店的老板，高大威猛，靠卖麦虾赚了不少钱，他站在门口削麦虾的样子，就像一尊门神。他是将麦虾商业化的第一人，当年临海很多出租车的牌照也是他的。

他热爱冒险和户外运动，二十多年前，在山地骑自行车下坡时，不幸摔下山崖去世了。临海人都说他是临海山地运动的先驱，提起他，一边肃然起敬，一边感叹人生无常。

198

临海女人比较文艺，或写得一手好字，或写得一手好诗，或弹得一手好琴，或拍得一手好照片。如果这些都不行，还有发嗲利器。

临海美女发起嗲来，一般男人都招架不住。

199

临海的男人嘛，普遍温和，不喜欢跟人拍胸脯，做起事来却有板有眼。从不说为你两肋插刀，但答应的事十之八九都能做到。

我称赞临海男人是暖男。

临海男人谦虚地说，我们哪里算暖男，顶多算是热狗。

200

出门遇大雾,我顺手发了个朋友圈调侃:今日大雾,伸手不见六指。

没想到,一个实心眼的暖男误会我是六指儿,第一时间留言安慰道:王姑娘是六指?明代草书第一人祝允明也为六指!我一大学同学亦是!弦外之音是,让我不必自卑。

临海暖男这么暖,害得我都不好意思否认。

201

我朋友姚小玲是富贵有闲的阔太太,钓鱼老手,三天两头在外钓鱼,晒得跟非洲婆娘一样黑。她到上海抱孙子,邻居以为她是临海乡下来的种菜大妈。

那时灵湖还在修建,她迫不及待去钓鱼,钓着钓着,钓来一拨视察的领导。领导看到一个晒得跟非洲人一样的女人,在湖边气定神闲地坐着,不由感叹,你们临海人的幸福指数真高啊。

姚小玲很自豪,没想到自己不经意间,就成了临海幸福指数的观察样本。

202

姚小玲很沉得住气,绣了整整两年十字绣,终于绣好《清明上河图》。这巨大的文化工程一完工,她就把画装裱上墙,供亲朋好友瞻仰与喝彩。但凡有朋友到她家,她必定引客人到画下,亲自导览并解说。

她的口头禅跟一般女人不一样,不是“蟹血”(方言,瞎扯),而是“神经”。两口子,你一句“神经”,我一句“神经”,“神经”是他们打情骂俏的暗语,约等于“亲爱的”。

203

有个老中医,行医几十年,没事喜欢爬爬山,一周不爬骨头痒。他爬山时被蜱虫咬了一口,没当回事,顺手把蜱虫拔了出来。

结果,没拔干净,蜱虫的口器残留在体内,毒素进了内脏,发现不对时,已经晚了。送医院抢救了一个多月,还是无力回天。

临海人提起他,一边感叹祖国传统医学也不能留住老中医的命,一边感叹明天和意外不知道哪一个先来,一边该爬的山照爬不误。

204

临海再土的泥腿子都能说出“村 BA”这么个洋兮兮的名字。“村BA”是指国内的村级草根篮球赛事。临海村 BA 的推广词是“生于乡野,无可阻‘篮’”,绝!

村 BA 的奖品很奇葩,不是一担梨就是一头牛。当地产翠冠梨,因名字中有个“冠”,因此成了冠军专享。又因为拿冠军是件很牛的事,总决赛的奖品就是一头牛,村支书在前头牵着牛,队员拍着牛屁股在后面赶,牵到球场现场发放。

也算是临海一奇了。

205

临海钓鱼迷很多,看到水就想甩两竿。

我朋友字写得像狗爬,太太让他每日练字半小时,他说自己没那耐心。大热天,他戴着墨镜在湖边垂钓,一坐四五个小时,一直坐到四大皆空。一天下来,除眼镜遮挡处是白的,别处都是黑的。

太太原先骂他为活宝,现在尊他为国宝。

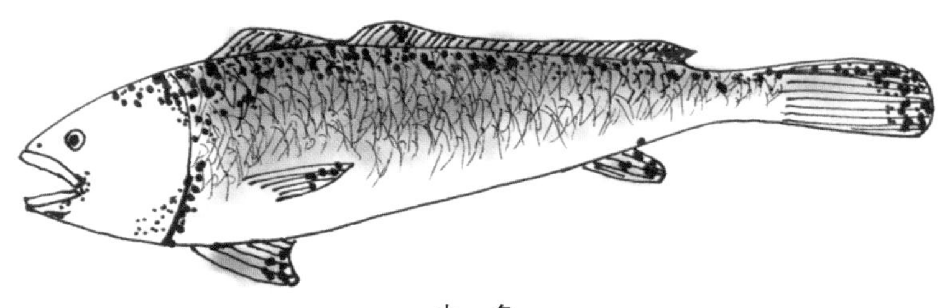

大　鱼

206

临海人有雅量。外地人说临海不好,临海人有时会跟着笑嘻嘻附和几句,以示尊重。因为他知道,好不好不是你一个人说了算。

不像隔壁某地,外地人一说他们那地方不好,立马怒目圆睁,马上挥出老拳。

207

临海从前叫回浦。回浦是一条河,这条河像扭麻花一样,一共扭了 8 个回折。

回浦既是河名,又是县名,旧址在章安。一说到章安,是个临海人都会有意无意地强调,章安一直是临海的地盘,20 世纪 80 年代才划归椒江。

椒江人说,切,分家都四十年了,能不提这个吗?

208

党报说,茴香豆的“茴”,可以有四种写法,但“回浦”的“回”,只有一种写法,那就是“百折不回”的“回”。说这话,是回浦男篮夺冠给的底气。

回浦中学的篮球少年夺得全国冠军,让沉寂已久的“回浦”二字,重回大众视野。

夺冠后，全城出动，击鼓开道，市民夹道，沿街舞狮，篮球少年坐着花车巡游，风光程度堪比世界小姐的花车巡游。

209

好事成双，拿下全国高中联赛总冠军不久，回浦实验中学男篮又勇夺全国初中联赛总冠军。市委市政府又是第一时间发来贺信。

一个才子在朋友圈建议：啊呦，别整天写信了。在兴善门摆几十桌流水席，给孩子们接风，大家可以坐下来边吃边聊呐。

敢情他想打秋风啊。

兴善门摆几十桌流水席恐怕不够，至少要摆上万桌。

210

临海人在风景自信、历史自信、文化自信三个自信之外，还有美食自信。临海是中华美食之都。

临海人给点阳光就灿烂，给点雨露就发芽，给点虾兵蟹将，就能整出一桌米其林。

全亚洲获米其林星最多的餐馆，就是临海人开的。

211

临海是浙江第一好吃的城市。

在硬碰硬的“中国特色美食百佳县市”排行榜中，临海位列中国第八，浙江第一。

没到临海逛吃逛吃过，就不算正宗“吃货”。

212

关于杭州是不是美食荒漠，网上已经吵翻天了。

临海人说，什么荒漠不荒漠，好办，空降500个临海厨师过去，立马让沙漠变绿洲。

213

临海出名厨。过去老台州府的厨师，一统台州的餐饮江湖。

厨师多半来自临海的西北山区，一个村里有一个人出来当厨师，就会一带二，二带三，滚雪球一般，越来越多的人跟着出来。

难怪，我在台州各地吃到的菜，都是一股子的临海风味。

214

有些地方，文学青年见到作家，喜欢滔滔不绝空谈文学，临海的文学青年见了作家，喜欢带他们钻大街小巷的苍蝇馆子吃卤大肠小肠卷吃各种饼各种糕，见麦饼西施豆腐西施各种西施。

人生无常，大肠包小肠。比起喜欢打嘴炮的文友，我更喜欢临海的这些酒肉文友。

215

自从成为中华美食之都后，临海土著再也享受不到在家门口想吃就吃的快乐了。因为外地“吃货”成群结队来临海，名气稍大些的饭馆，都要提前预约。连小吃店的门前，大清早也会乌泱泱排起十几米的长队。

我朋友，住在府城，他爱吃，但不爱排队。他说，别说是去花钱，就是去领钱，我也懒得排队。

216

我革命早期的同事燕燕跟我说：临海人很会过日子，不仅中年女人，中年男人也一点不弱。她有一个男性亲戚，家境殷实，但每次住酒店，都要把一次性的牙刷拖鞋全部拿回家。如果开会住在临海的酒店，还要把一家人叫过来洗澡，换下来的衣服也要在卫生间里当场洗掉，绝不带回家。

燕燕说自己年轻时对此十分不齿，但人到中年后，临海人刻在骨子里的基因也开始爆发，住酒店时，不但要把放在房间的一次性用品拿光，还要叫服务员再多拿几双拖鞋几只浴帽。

217

临海人说一个人过日子会算计，就说这个人“算子精”，临海人在生活中是很精细的。

临海唯一的国家康居小区云水山庄开盘后，我朋友准备出手买一套。为了获得楼盘准确的日照时间，她在小区里，掇张凳子，从日出一直坐到日落。

我朋友的妈有个观赛小本本，奥运会上中国人每夺一块金牌，她就记上一笔。

218

临海人过日子讲究得很，泡茶爱用山泉水。

早先没有纯净水、矿泉水卖，临海人跑到龙潭岙、狮子山取水，来回几十里，自行车后架两个大桶，骑出一身汗，从来没觉得累。

现在有了纯净水、矿泉水，照样有人不嫌麻烦跑龙潭岙、狮子山取水。

219

临海人出门杯子不离手。

平常点的是陶瓷杯、玻璃杯，塑料杯、不锈钢杯，考究点的是木鱼石杯、景泰蓝杯、白银杯，还有纳米杯、能量杯。

杯里泡的，不是茶，就是参，要么就是铁皮枫斗晶、乌药、黄精。走到哪补到哪，给人的感觉是临海人挺虚的，随时都要补一补。

220

要说临海人最后悔的事，不是当年没追到心仪的班花，也不是炒股输了几十万，而是把紫阳街的老房子低价贱卖了。早时，紫阳街除了原住民，没什么人，街上最多的是花圈店，一家挨一家，一个店面租金不过三四百元。现在店铺租金翻了几十倍。

我同学家在紫阳街上有祖传老宅，前些年卖了，现在他就像祥林嫂，逢同学就念叨："我真傻，真的，我单知道前些年紫阳街冷冷清清，我不知道紫阳街现在这么火。"

221

紫阳街已经被盘出包浆了。土著有事没事都喜欢逛紫阳街：家里来了客人，带到紫阳街开开眼；没吃饭，去紫阳街填填肚；吃撑了，去紫阳街消消食。

如何区分土著和游客？一大早去排长队买海苔饼的；夏天 40℃高温还在紫阳街上瞎逛，地上一只蚂蚁能看上半天的；打扮得水灵光鲜摆 POSE，走路东张西望眼珠子乱瞟，拿个手机四下里咔嚓照相的：铁定是外地人。

222

墨镜一戴，谁都不爱。榜单一开，全国老二。临海古城的游客量排全国古城第二。

你问老大是谁，临海人记不住。他们说，老大是谁不要紧，关键俺临海是老二。

223

喝茶是临海人最主流的养生方式和交际方式。喝茶时顺便聊的国际要闻、国内新闻、官场趣闻、单位绯闻、邻里丑闻，是临海人的精神茶点。有条件的，家里设个茶室，没条件的，创造条件在车库里搞一个。

在车库喝茶，条件是艰苦了一些，不过喝起来照样有滋有味，而且隔音效果更好，谈机密事最合适。

224

临海人是墨守成规还是与时俱进，打扑克就能给出答案。

唐伯虎有梦墨堂，丰子恺有缘缘堂，临海人有地皮堂。地皮堂不是书斋，是临海人打扑克的地方，也是临海人的核心社交圈。有一段时间，临海人的接头暗号就是炒地皮，听上去满城都是李嘉诚一样呼风唤雨的大佬。

临海人从四十分到八十分到红五到打炸弹到斗地主到打两棒到炒地皮，直到现在的打掼蛋。在打牌中，临海人感到了人生的不可测，牌好不一定赢，牌差不一定输，由此悟性大为提高，感叹打牌就是最好的修行。

什么牌都不会的，容易被边缘化，进不了临海人的核心社交圈。

打牌就是修行

225

我朋友有本笔记本,取名“风云录”。他太太在整理房间时发现了,还以为是风月录,她很好奇,里头记录的是啥“风云”?

打开一看,是本扑克输赢记录本。

嗯,这也是一本娱乐恩仇录。

226

还有一个朋友,有个微信群,取名“国粹”,让太太猜是干什么的。干什么的呢?他既不会唱京剧,又不会画国画,怎么会加入这么有文化的群?

后来我朋友自揭谜底——麻将群。

227

临海人的文化自信和风景自信,来自府城文化旅游区。

府城文化旅游区是千年的流量王,要山有山,要水有水,要街有街,要城墙有城墙,要古迹有古迹,要美食有美食,要美人有美人,要原住民有原住民——3.12平方公里的台州府城,住着2.8万名原住民,光凭这一点,就甩那些“树小墙新画不古”的“古城”几百米远。

原生态,接地气,这是古城最真实的烟火气。

228

临海人的雅与俗,可以随时切换。

临海人周末喜欢组个局,雅一点的有诗歌局、书法局、合唱局、象棋局,俗一点的有吃饭局、泡脚局、按摩局、扑克局、麻将局,野一点的有跑步局、露营局、钓鱼局。

泡脚局、按摩局是临海人的集体养生局,脚一泡,背一推,任督二脉立马打通。而扑克局、麻将局,是临海人联络情感的主要纽带。

229

临海人比较惜命,讲养生的人很多。我认识的一个临海人,每日必在微信上发十数条保健神帖,什么多吃鸡蛋短命,什么生姜是还魂药,什么春食韭菜壮阳、酒煮海带杀癌细胞,什么搓耳垂醒脑、生脚气能排毒。

此君上班必定步行,但走在马路的左侧还是右侧,则依据风向而定。总之,他出门必走上风口,以保证灰尘、尾气不会直冲他而来。

230

临海人的饭局,谈的不一定是俗事,有可能谈的全是雅事。有一次我参加一个饭局,组局者说,此饭局全球只邀请了十人。虽然吃的是大肠烧萝卜之类的家常菜，但听此一说，赴宴的人感觉倍有面子。

那一晚，大伙儿吃着猪大肠，谈的全是如何恢复东湖荷花的雅事。

临海人的格局就有这么大，拿着卖白菜的钱，时不时操着卖白粉的心。

231

临海人心情郁闷时，跑一趟灵湖就不郁闷了，或者回家来瓶杨梅酒，高配版就加上土鸡青蟹黄鱼。几杯老酒下去，管他三国周郎白壁还是赤壁，哪怕樯橹灰飞烟灭，啥都想开了。

232

以前临海人静若处子，现在临海人动如疯兔。跑完马拉松，又跑柴古唐斯。微信上的“刷步”暗中较量，有走一万步的，就有走两万步的。有一个朋友，每天的步数都在三五万步，就是一天到晚拉磨的驴也没有他走得多。

有一个女友，啥事都要强，为了不让自己的步数处于下风，时不时把手机挂在狗子的脖子上，让狗子代为“刷步”。

233

临海出圈后，临海人的接待任务增加了不少，那些十来年没来往的外地亲戚、几乎忘了名字的大学同学，时不时跑到临海溜达溜达。就连同学会，也喜欢放在临海开。好客的临海人少不得陪吃陪喝陪玩，临走还要送几箱涌泉蜜橘白水洋杨梅大石葡萄以示情意。

有个朋友大小节假日都在接客，一年要接客二三十次，累得半死，人瘦了一圈。他跟我说，你能不能带话给县太爷，让他给我们发点接待费，家里都快给吃穷了。

234

北京人局里局气，看哪都觉得是基层，上海人娇里娇气，看谁都觉得乡气。临海人可以拿美食来刹上海人的娇气，拿城墙来刹北京人的傲气。

台州府城墙号称江南长城，是北方长城的“师范”和“蓝本”，也是长江中下游地区现存规模最大、保存最完好的古代海防和城防工程。

这不是临海人自嗨，是新中国最有名的古长城史专家、中国长城学会会长罗哲文说的。口说无凭，有字为证——他的“师范”和“蓝本”题词，就摆在兴善门。

罗哲文是梁思成、林徽因的学生，原名罗自福，因被人取笑为“罗斯福”，梁思成就给他改名罗哲文。

235

台州府城墙是多功能的，可以御敌，也可以防洪。

临海多水，古代的一场特大洪水，会死上全城五分之一甚至五分之二的人口，台州府城墙于是有了与众不同的“马面”形制的防洪结构。

智慧往往来自经验，经验往往来自教训。

236

台州府城墙像积木，拆拆建建好多次。吴越王钱俶纳土归顺后，为表忠心，不仅自废吴越王称号，还下令把吴越境内的城墙全部拆毁。

台州府城墙拆了所有城垛，只剩缭墙。因为失去屏障，大水入城，酿成洪涝，死人无数。30年后，不得已在原址上恢复城墙。

237

建立元朝的蒙古族是马背上的民族，入主中原后，为了消除后患，下令拆毁除北京长城之外的所有城墙。台州府城墙因有无法替代的防洪功能，免于被拆。

238

台州府城墙原有七座城门，曰镇宁门，曰兴善门，曰崇和门，曰括苍门，曰靖越门，曰丰泰门，曰朝天门。名气都非常大气豪迈。

丰泰门、括苍门现已不存，取而代之的是揽胜门与望江门。

府城古城门:朝天门

239

从前临海的原住民，可以坐着小火轮（一种在内河航道中航行的小轮船），从台州府城墙兴善门边的江下街码头出发，“突突突”，顺着东流的江水直达海门（今椒江）。

如果一直漂呀漂，还可以漂到黄浦江，直接接轨大上海。

240

明代，临海是抗倭的主战场，戚继光对敌作战的狼筅和鸳鸯阵都是在临海发明的。

狼筅不是狼牙棒，是连枝带叶的大毛竹，长一丈三。

241

戚继光是临海的保护神。他在临海很忙，不是在抗倭，就是在抗倭的路上，打得倭寇满地找牙。

34 岁的戚继光，在临海创下九战九捷的辉煌战绩。明嘉靖四十年（1561）春的一场血战，戚家军斩首和溺死倭寇近两万，史称“台州大捷”。听闻戚家军凯旋，百姓出城 20 里迎接。

这场战役是明代抗倭的转折性战役。台州大捷后，倭寇达成共识，只要戚继光在浙江，就不去浙江劫掠。

台州海波平矣。

戚继光像

242

北京明长城抄的是台州府城墙的作业。信不信由你。

敌台是古代的一种报警设施,发现敌情时,通过白天点狼烟,晚上点火的方式传递紧急情报。以前的敌台,都是单层实心的,戚继光到临海抗倭,对敌台进行改良升级,创制了双层空心敌台。

北京长城的大多数城段是明代重建的,修葺长城的主持者之一就是戚继光,戚继光把在基层修建双层空心敌台的经验推广到北京明长城上。

243

不要以为打仗厉害的就是粗人,岳飞有慷慨激昂的《满江红》,一代战神戚继光在临海也写过一首气势恢宏的诗,“九天云气三台近,百里江声一鸟飞”。

一般人真写不出这样的气势。

244

来个脑筋急转弯。请问,台州府城墙修补过多少次?答案:二十余次。宋以前修过八次,北宋期间大修过一次,元代一修,明代三修,清代九修。

我也参与过修长城。20 世纪 90 年代,台州府城墙再次大修,发动全城捐款,刚工作的我,忍痛捐出一个月工资。

怎么说，我也算得上是参与过历史大事件的人了。

245

江下街码头过去很热闹，有椒临小火轮和商船开往椒江、宁波、上海、福建，甚至日本。运往日本的，有锦、绫、香药、茶碗等，从日本运来的，有砂金、水银、棉、绢、布、扇、刀剑等。

我1983年到临海，这一年，红火了百余年的小火轮停业，江下街自此沉寂。

246

江南老街的名字，往往带着氤氲水气，如杭州的清河坊和小河直街，苏州的平江路，温州的南塘街，镇江的西津渡，而临海的千年老街，却被称为紫阳，紫气东来，流金铄石。

紫阳街是继杭州河坊街之后，浙江第二条国字号的历史文化名街。

247

海飞的谍战小说《昆仑海》，让临海回归到明代抗倭的历史C位。书里有刀光剑影的杀气，有谍影重重的暗战，有锦衣卫特殊组织小北斗掌门人昆仑与倭寇、倭谍的殊死较量。

临海真实的抗倭史，其实跟锦衣卫没什么干系。万历三十五年(1607)，临海也太平无事。明知小说是虚构的，但看了海飞的《昆仑海》，经过紫阳街时，我都会下意识地找一找书中的豆腐坊。

248

紫阳街完整地保留了唐宋坊巷的格局，在这里可以看到三教九流、各色人等，做秤的、剪纸的、卖药的、卖针头线脑的、卖糕饼小吃的、卖古玩玉器的、测字算命的、修脚掏耳的、补鞋配钥匙的、刻公章私章的……妥妥一幅当代版的《清明上河图》。

一个朋友在互联网公司工作，业余刻苦攻读《周易》，想着哪天被裁员了，带上电脑，可以戴副墨镜到紫阳街给人电脑算命。

我觉得他的脑洞比黑洞还要大。

249

紫阳街因紫阳真人张伯端而名。

张伯端是中国道教南宗第一祖，也是古今临海第一神通广大人士。他在台州府当公务员时，因为冤枉侍婢偷鱼，导致侍婢自杀，从此悔悟入道。

他好炼丹，重养生，活到 98 岁才“水解”(用大白话说，就是淹死的)。弟子用火烧化，得舍利千百，大者如芡实，色皆绀碧。

绀碧就是深蓝色，张伯端平时吃下去的丹药中，重金属肯定不少。

古代的道士

250

如果要从历史文化名人中选一个当临海的形象代表，张伯端是不错的人选。在武侠和神怪小说中，紫阳真人一出场，就是“白发童颜，身披鹤氅，手执拂尘”，一派仙风道骨。

《西游记》第七十二回里，妖怪把朱紫国的金圣娘娘抢去当压寨夫人，是紫阳道人将一件旧棕衣变作一领新霞裳，让金圣娘娘穿了护体，才保住了金圣娘娘的清白之身。

要不是有咱紫阳道人罩着，金圣娘娘铁定要吃大亏。

251

道教的问候语是“福生无量天尊”，意为福报来自无数的天尊，道教还有句问候语，“慈悲慈悲”。临海人用得比别地方的人纯熟，毕竟张伯端是临海的乡贤。

金庸小说《射雕英雄传》中有全真七子，为首的就是王重阳。张伯端开创的道教南宗，与王重阳为首的道教北宗，在宋元之交合并为全真道，其修持功法主导了中国此后八百年道教修炼的方向。

道教以修炼丹药为关键，以服食丹药实现羽化登仙为目标。用现在的话来说，就是讲养生健身，属生命科学的一部分。

252

临海有高道，也有高僧。

思托，唐代高僧，鉴真和尚的高足。鉴真前后六次东渡日本，思托是唯一自始至终追随的僧人。

他第四次随鉴真东渡日本失败后，留居临海，成为龙兴寺高僧。鉴真第六次东渡时，思托跟随而去。思托善制漆器，日本奈良唐招提寺有鉴真干漆夹纻造像，是日本的国宝，据说就是思托制作的。

253

南宋有高僧名法济，建炎年间，盗寇围困台州府城，数日不退。法济为救生灵免于涂炭，与弟子登上台州府城墙，各自点燃一指。众寇见之，心生敬畏，退离府城。看来，那时的强盗对佛祖还是有敬畏之心的。

法济一心向佛，平时不吃不睡，冬天不生炉，夏天不用扇。后来他决心采薪自焚，是夜星月皓然，忽然天降白花，纷纷扬扬，大如朔雪。翌日清晨，众徒收拾法济遗骨，得舍利子数枚。

254

朱元璋谁也不服，就服马皇后。马皇后因病去世，举行国葬之日，风雨大作，电闪雷鸣。朱元璋觉得是不祥之兆，招来高僧宗泐询问缘由。

宗泐是临海人，跟唐僧一样，去西天取过经。宗泐说了 20 个字："雨落天垂泪，雷鸣地举哀。西方诸佛子，同送马如来。"他将马皇后尊奉为佛祖如来，她的离去，连上天也要落泪，用雷雨为她举哀，菩萨也来送行。

话音刚落，顷刻之间，雨过天晴，灵车顺利启程。事后，朱元璋特意赐给宗泐白金百两。

朱元璋是个狠人，跟着他的兄弟们，都未得到善终。一个出家人，能够赢得朱元璋的赏赐，真是不易。

255

临海人格局和气魄都很大，什么都求大，房子要大，车子要大，连小吃也要大：红糖馒头有砖头大小，擂圆像只小手雷，锅盔比头盔还厚，麦油脂跟春卷一比，一个是板扎（方言，结实）的焦大，一个是娇弱的林黛玉。

256

满城烟火气，就数紫阳街。自唐宋起，紫阳街就是台州城的中央 CBD。

紫阳街之前叫解放街，再之前叫中正街，再之前就没有全名了。

整条街是按照街两旁的标志性建筑，一节一节分段称呼的。北端为黄坊桥，南头为揽秀楼，中间地段，从北至南称紫阳宫、一洞天、奉仙坊、十字街口、迎仙坊、白塔桥头、樱珠巷口、玄坛庙、黄坊桥头等，大约有 50 多个地名。

地名多也有好处，古人摆个摊、男女约个会什么的，都能找到准确位置，比高德地图还好使。

257

紫阳街长约 1080 米，相隔不远就有一个坊。唐时为方便管理，将城内划分出棋盘格一般的街区，叫作“里”或“坊”。坊还有个功能，就是防火。

古代消防设施不给力，防火墙也防不住大火啊。明正德三年(1508)，台州府城遭遇特大火灾，府学、县学被烧个精光，民舍万余家被毁，200 余人葬身火海，城里被烧得漆黑一团，几乎没有完整的房子。烈焰扑向巾子山，连巾子双塔的栏槛都被烧着了。

直到如今，巾子双塔的栏槛还是没有的。

258

临海人爱看电影。

临海有全台州最多的电影院，最大的电影院在巾山路上。电影院有个大橱窗，贴满海报和影评。影院鼓励影迷看完电影写影评，写得好，奖励两张电影票。一个小姐姐是影迷，读小学起就给电影院写影评，屡投屡中，她的影评经常被贴在影院橱窗里。

后来这位爱看电影爱写影评的小姐姐成了有名的记者，还成为某央媒浙江分社的负责人。她的写作功底是写影评打下的。

259

临海第一次放电影，是一百多年前。民国六年(1917)，临海东塍的屈氏祠堂落成，有位大佬请来上海师傅在东塍的凉棚操场放电影，当时放的是无声电影。

十几年后，有声电影进了临海。老百姓听不懂普通话，放映员就一边放电影，一边用临海土话讲解。

这大概是最早的同声翻译吧。

260

临海人爱藏书，临海有全台州最多的藏书家。

台州历史上最早的藏书楼叫庆善楼，是北宋陈贻范的。

陈贻范有个弟弟叫陈贻序，也很喜欢藏书。陈贻序的儿子陈克是南宋著名才子，还是抗金义士。

261

南宋临海还有个著名的藏书家叫陈员，藏书万卷，他儿子陈耆卿是有名的才子，著作等身。

宋理宗时，陈耆卿任国子监司业。他有点书生气，为官刚直耿介，右丞相史弥远对老陈的才华很称道，不过认为老陈做事不圆通，对人说，陈寿老是个好谏官，就是太执拗。

执拗的人做官不合适，但做学问合适。陈耆卿是《嘉定赤城志》的主纂。《嘉定赤城志》有厚厚的四十卷，是最早的台州总志，也是中国名志。

要了解临海的前世，必读《嘉定赤城志》。

262

台州最大的藏书楼叫“小停云山馆”，是清代大学者洪颐煊的私家藏书楼，藏典籍 1886 部，32675 卷。而同期著名的宁波天一阁，藏书也就 2223 部。

洪颐煊不但藏书，还自己写书。高考落榜后，他跑去当幕僚。顶头上司有心栽培他，他自知不是当官的料，就沉下心做学问。

他著作等身，我最喜欢读他的《台州札记》，书里记的古代台州的人和事，活灵活现。

263

大晟是北宋王朝的官方乐府名，掌管着北宋的“主旋律”。大晟编钟就是大晟府的乐器。

这套被文艺青年宋徽宗亲自赐名的青铜打击乐器是国宝级文物，其中有一件就收藏在临海市博物馆。

北宋大晟应钟

264

临海人有收藏癖，热衷于办博物馆。临海有各种各样的主题博物馆，甚至有“台州式硬气”馆。台州人硬不硬，进馆里看一看。

临海人把收藏家称为拾宝客。有个拾宝客，收到过一个铜炉，被另一个藏家低价买走，藏家一转手，就卖出天价。他后来才知道，他收到的这个香炉是著名的宣德炉，20 世纪 90 年代，价格就在百万元上，贵的卖到上千万。

拾宝客怪自己道行不深，没有看出来。他发愤钻研拾宝技艺，自此很少失手。

265

临海人涵养好。小区有人养狗，晚上汪汪叫。业主被扰，气不过，在网上发帖：“每天晚上十点半，都有很吵的狗叫声，影响整个小区居民。养狗的人，没道德会有报应的！”另一小区有人乱停车，业主路被挡，气不过，在车主的车上贴了张纸条，警告道：“乱停车，要受报应的！”

对不文明的人，临海人给予口头警告，自己不出手收拾，希望老天替他行道。

266

那时我在报社当文化记者，到临海采访首届长城节，路上看到两辆自行车撞在一起。

骑车的两个人喉咙挺粗的："你眼睛瞎啦？""你才眼瞎了呢！""我没瞎。""没瞎就好。"

怒目相向几秒钟，两人各骑各的车走了。

267

有一次，跟临海朋友上街。下过雨的积水坑边，一辆外地牌照小车疾驰而过，溅了他一身泥水，他气得骂道："我咒那车主吃方便面没调料包，喝奶茶没有吸管。"

哈哈，临海人骂人也这么文明。

268

仙居人是仙人，天台人是猛人，温岭人是忙人，玉环人是潮人，临海人是雅人。

有个临海朋友，从小熟背唐诗宋词三百首，虽说长得肥肥壮壮如人间油物，但是个撩妹高手，谈恋爱时，在朋友圈里每发一张照片，必配情诗一句。发张云彩，是"晓看天色暮看云，行也思君，坐也思君"，发张雪景，是"春赏百花冬观雪，醒亦念卿，梦亦念卿"。

临海人秀恩爱也秀得比别地方有文化。

269

临海人生活中挺诗意的，出门时看看天，看看云，如果云朵浓淡如水墨画，就来一句谚语，“云如水墨画，蓑衣不用挂”。出门时，顺手带上雨披或折叠伞。

有个朋友预测天气特别准，他说刮风肯定要刮风，他说下雨肯定会下雨，我以为他是能看云识天气的野生气象学家，结果他说他有风湿病，老天一变脸，他就浑身不舒服。

270

临海人节假日不说节假日，喜欢说“闲时八节”，显得特有文化。

闲时指的是农闲时节，八节是“立春、立夏、立秋、立冬、春分、夏至、秋分、冬至”八个节气。

外地人听歪了，把闲时八节听成闲事保长，音差不多，意思大不同。闲事保长指爱管闲事的人，类似港台话中的八婆。

271

临海人遇到纷争，不喜欢动拳动刀，喜欢跟你咬文嚼字讲道理，引经据典说缘由。

惹恼临海人，不用担心人家会在暗处给你一记老拳，但要小心第二天他发在朋友圈里夹枪带棒指桑骂槐皮里阳秋的一段话。

272

临海人找媳妇，要找高挑丰满屁股大的媳妇。“一代大新妇，三代大子孙”,这是临海人祖传的选媳法宝。

在老辈人眼里,弱柳扶风的美女美是美,但不实用。“女人沙蜂腰,半升米饭懒得烧。男人沙蜂腰,三斤么事(方言,东西)懒得挑。”

273

临海人结婚时,要有马桶叔和芋头娘。

马桶叔不是掏粪工,是新郎的胞弟或堂弟、表弟,一头挑着铺新床的席子,另一头挑着放喜蛋的马桶。芋头娘不是母芋头,是婚姻美满、有子有福的妇人,负责送洞房,铺新床,抖婚被,边抖边说吉祥话。

我一个熟人,不信这个邪,结婚时找了离过婚的闺密当芋头娘。若干年后,婚姻破裂。家中老人怪她当年芋头娘没找对。

芋头娘成了“背锅侠”。

274

在临海,斑马线前车让人,已成习惯,结婚办喜宴不收礼金,也是习俗。

空手来吃,吃了还让你拎走一堆喜糖喜蛋喜烟红糖馒头西洋参啥啥的。

全国有几个城市能这么大方?

275

家里有啥事,娘舅出马,一个顶俩。一大家子分家拆伙闹纠纷,也是娘舅来做主。娘舅是裁判官,也是和事佬。

宴席上,娘舅没动筷,外甥万万不可动筷,“娘舅没开箸,小癞头自吃自”,目中无娘舅,就是小癞头,会招来长辈一顿“没家教”的数落。

就算外甥年纪比娘舅大,娘舅照样坐在上横头(方言,主宾位)。

276

临海人也骄傲,但他们的骄傲不形于色。

临海的土豪很低调,他们打死不承认已经财富自由,正如打死不承认自己酒量惊人。

临海人做人做事不喜欢咋呼,不像隔壁某县,每当有乡贤拿了什么大奖,或者升了什么官,微信公众号的标题直接来一个:“骄傲!某人咋咋咋。”哪怕只是在北上广升了一个街道主任,也要拿来“骄傲”一番。

全台州九县市,数临海人眼孔大。

277

这个城市,对老人很友好,全国首个农村老年协会在临海诞生,全国首个村级“孝心基金”也是在临海成立的。

尊老不是在嘴上，而是体现在行动上。

278

啥好事都忘不了老太公。一到重大节日，临海人就要请老太公。临海人口中的“老太公”，除了指曾祖父外，还泛指所有祖宗。做清明、做七月半、做冬至，头等大事就是“请老太公”，即祭祖。

祭祖时，老祖宗享用的大餐，是雷打不动的麦油脂。这么多年了，也没想到给老太公换换口味？

279

临海人对外地人很和气，对外来的燕子也很客气。每年春天，燕子都在紫阳街的屋檐下筑巢安家，来的都是客，从来没人捅燕子窝。临海人看到燕子就觉得喜气，燕子来家，好运上门。

为了不让不懂事的燕子把屎拉到游客头上，政府还贴心地在临街的燕子窝下挂了块木挡板，为燕子建了“公厕”。

280

不要小看街头巷尾卖小吃的人，你根本不知道他腰包有多鼓，反正我知道一个卖饼的，一天可入两万。

卖梅花糕的，一个炉子一次能出十几个梅花糕，节假日，一个炉子不够，两个炉子左右开弓。

一家麦虾店,店名叫麦虾婆婆,原先是老婆婆烧麦虾。后来客人太多,老婆婆烧不动了,让女儿来烧,麦虾婆婆成了麦虾姐姐。等到姐姐也烧不动了,哥哥来接手,麦虾姐姐又成了麦虾哥哥。

281

领导微服私访。走到一家泡虾店前,问长问短:一天能否卖出八百个泡虾? 卖泡虾的鄙夷地看了领导一眼,嫌他格局没打开。说,八百? 节假日,两千个随便卖卖。

十元一个的泡虾,卖两千个,一天毛收入就是两万。

有个局长跟我感慨道,泡虾店老板一个月挣的比他一年挣的还多。如果领导允许他停薪留职在紫阳街卖两年泡虾,他立马就去。

他想得美!

282

临海人爱存钱。

在临海,拆迁户一拿到拆迁款,周边银行的存款马上多起来。隔壁某县,拆迁款一到手,夜总会、足浴店、KTV 的生意,马上爆火。

283

建“熊出没小镇”,周边拆迁腾地,不少村民一夜暴富。有个在菜场起早摸黑卖猪肉的猪肉佬,也是拆迁户,拿到上千万元的拆迁款,兴奋得连搓了几天麻将。人家以为他财富自由后,再也不会来菜场卖猪肉了。

没想到,第四天,他又准时出现在菜场上,继续起早摸黑卖他的猪肉。

284

临海的茶室比米店多。在茶室,可以听书吃茶,可以下棋打牌,可以谈情说爱,一不小心,还有可能谈成上亿元的大项目。

临海自古就是茶文化的重要传播中心,产茶历史有1800年。喝茶有益养生,在临海,喝茶的人不活到90岁,都不好意思走。

285

春山有约,好茶不缺。临海人爱喝家门口的临海蟠毫、羊岩勾青,说比西湖龙井茶好喝多了。还说虾仁如果不用龙井茶叶炒,而是用临海蟠毫和羊岩勾青,味道会更清鲜。

爱喝茶的地方不一定有富贵气,但一定有安闲气。

有没有到临海人家里喝过茶,打过牌,筒过麦油脂,是考量与临海人交情深不深的不二法宝。

286

临海的茶室、足浴店、小吃店,店小二见了客人,喜欢称对方为"领导"。

出了临海，店小二见了客人，一般叫“老板”。

287

在台州，神仙有多普及呢。往少里说，有名有姓的神仙，就有500多位。临海的神仙有多少呢，没统计过，但是连茅坑都有神，叫茅坑姑娘。

临海人信鬼神，更信朋友。

288

平水就是平治水土，台州有各种平水庙，为纪念大禹治水，后演变为水神信仰，台州有海神、江神、河神、溪神、潭神。凡是有水的地方，就有神。

有一位平水王，叫周清（又名周凯，俗称周七郎），西晋人，娶了一位姓林的临海郡妹子为妻，成为临海女婿。他兴修水利，造福一方，宋代临海人封他为平水王。

289

城隍爷是一座城的守护者。台州的城隍爷是屈坦。

屈坦的爹是三国孙吴的尚书仆射屈晃，因触怒孙权，被殿杖一百，摘了官帽，他携妻带子寓居临海，后复出。但儿子屈坦无意当官，继续待在临海侍奉母亲。

唐代置台州时，以北固山上的屈氏故居为州治，故居的少东家屈坦顺理成章被奉为城隍神,其地就称为城隍山。

290

老百姓都说城隍爷工作很负责。古代临海每有大旱,主要领导就去庙里祈雨,屡有应验。

有一年祈雨无果,惹得时任市长大怒,怪主管领导城隍爷没有尽心尽力,将城隍爷抬到院子里,放在太阳底下暴晒,并给城隍爷上纲上线——“不恤民命,是为渎职”。

291

台州府城有城隍爷,临海县城也有城隍爷。府城的城隍爷是屈坦,县城的城隍爷是赵煜。

赵煜隐居在章安丹丘山(即临海北固山)。此人神通广大,能预知祸福,能驱役鬼神。死后,百姓为他立祠,每有旱灾水灾,都向他求助。后赵煜祠迁到县治东,百姓以之为城隍庙,以赵煜为城隍爷。

两个城隍爷级别不一样,一个是地厅级,一个是县处级,办公地点也不一样,不知道哪个城隍爷的法力更高一些?

292

木鱼一敲,烦恼全消。临海人最常去的寺庙是龙兴寺、普贤寺和清泉寺,各路神明每天承接的业务量比四大银行都多。除了老年人,年轻人也爱去求个签上个香。

作家余华曾被问到如何看待年轻人热衷于“上香”“算命”,他是这样认为的:算命也是一种上进,至少年轻人还愿意相信,生命里还有美好的东西在等着自己。

293

临海人喜欢拣日子,大事小事,做什么都要选黄道吉日,结婚如此,搬新家如此,买新车上车牌也是如此,开业更是如此——要吉时,还要烧香拜佛供猪头。

搬家时,如果算出吉时在五更,他们会毫不犹豫打着呵欠摸黑就出门。

294

日子过得顺当,要感谢一下地藏王。农历七月三十,在房前屋后插上一排排的香火,叫点地藏王香。临海人相信,地藏王菩萨体恤民间疾苦,铁肩担道义,整个大地都是由他一人扛着。扛累了,到了七月三十,换只肩膀继续扛,故这一天称作为“地藏王转肩”。

点香以示对地藏王的答谢,类似于现在给医生送锦旗。

295

最早的台州市政府(台州府衙)是建在山上的。从唐武德四年(621)至唐大历年间的150多年间,官老爷们一直在北固山上为人民服务——这叫高瞻远瞩。后来才从山上搬迁到山下——这叫贴近群众。

再后来,山上的府衙成了台州卫校——这叫健康高于一切,山下的府衙则成了台州医院——这叫方便患者。

296

临海城不大,全城的人只要拐上几个弯,都可以攀上关系。那个高高在上的某局长,是二舅妈的表哥的二儿子,那个上了福布斯排行榜的大老板,原是高中隔壁班的同学。

走在路上也经常会碰到熟人,到理发店理个发,去大排档吃个饭,要结账时,托尼老师和大肚摊主说,有人替你买过单了。

297

本地的媒体把临海的百岁老人采访了个遍,期望找出共同的长寿密码,结果发现,这些寿星不是喝酒吃肉,就是抽烟上瘾,喜欢吃不健康的肥肉和咸菜,不喜欢吃软饭,喜欢吃难消化的糯米饭和麻糍。

看来,长寿之道在于随心所欲。

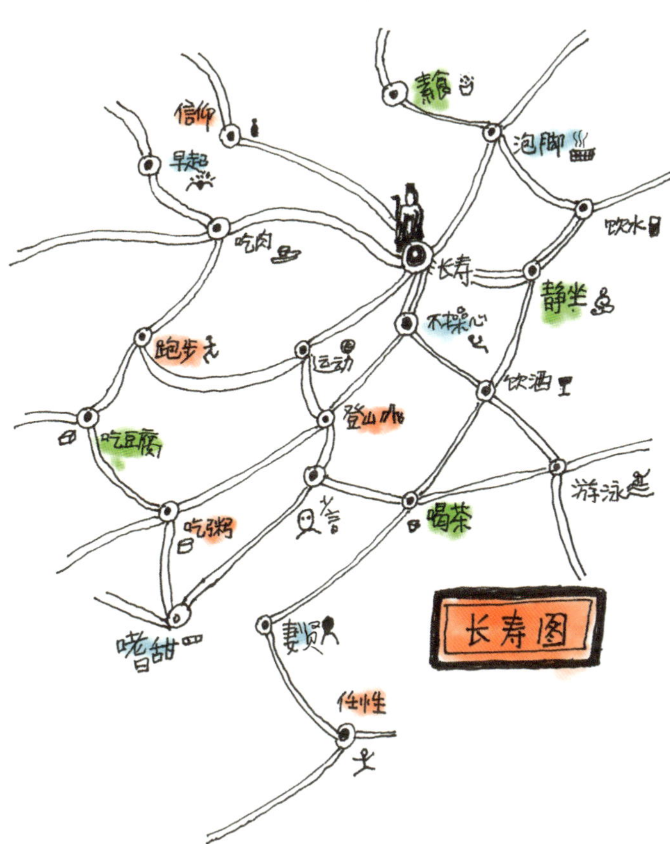

临海人所谓的“长寿之道”，在于随心所欲

298

临海人的平均寿命是81.91岁，居民的期望寿命达到发达国家水平。

我朋友，女儿定居海外，希望老爸出国养老。

朋友不去，说，你们说是发达国家，但人均寿命还不如临海。我要去了，没准会折寿。

299

有个老寿星叫金兴妹，住在乡下，随随便便就活到104岁。她的养生之道就是365天天天喝黄酒。她曾经连续20天不吃饭，光喝酒，街坊邻居都叫她酒妹。

酒妹爱喝酒的光荣事迹传得很远，我同事老许准备采访她，与她探讨一番喝酒与长寿的关系。

老许的车子还在半路，就接到老寿星家人的电话，说寿星刚刚仙逝，你不用来了。

300

还有个老寿星，住在乡下，每年一到八九月，就开始“冬眠”，一直躺着不下床，到次年四五月才起身，不过“冬眠”期间，吃喝拉撒照旧，他活了一百多岁。他说道教佛教，都不如睡觉。

生命不一定在于运动，有时在于不动，比如乌龟就比兔子活得长。

301

知道什么是第孙吗？第孙就是孙子的孙子的孙子的孙子的孙子。

临海最长寿的老人是清代的王世芳，据说活到141岁，历经康、雍、乾、嘉四帝，因为活得久，不但享受到政府特殊津贴，乾隆皇帝还赏他六品衔。102岁时，他还奉旨赴京给皇上祝寿。

他的养生秘方是“吾惟知屏思虑，节饥饱，顺天和而已”——没事不要瞎想，饮食要节制，凡事顺其自然。

王世芳七代同堂，有儿子4人，孙子11人，曾孙5人，玄孙7人，来孙8人，第孙1人。

302

临海人起名爱用什么字呢？“50后”“60后”中，起名建国、建华的不少。我有个朋友叫尹建华，在悉尼拿下浙江运动员首枚残奥会金牌。回到临海后，领导带队来慰问。结果，大小领导及秘书也叫建华，一次出现了四个建华。

“60后”中，名字中最多的20个字是美、仙、菊、凤、芳、华、香、英、彩、春、金、冬、小、玉、云、花、琴、荷、兰、国。名字主要围绕着大自然。

起名“兰”呀“玉”呀，不一定是女性，男人叫“兰”“玉”的不少。我有个朋友，名字带“兰”，出省参加会议，会务人员想当然地认为是个美娇娘，安排这个五大三粗的汉子跟美女同房，乐得他合不拢嘴。

303

“00后”中，名字中用得最多的字是“宇”，可见临海人的格局相当大。

其次常用的还有佳、雨、怡、子、欣、嘉、杰、俊、轩、伟、豪、梦、婷、晨、浩、涛、鑫、琪、凯。美好的意象不断出现，主打一个胸怀广阔，气势磅礴。

304

隔个十年二十年，临海人的起名又有了新花样，嘉、杰之类的单名不吃香了。“20后”的新生儿中，最常用的名字为一诺，紧随其后的是语汐、奕辰、亦辰、梓宸、亦宸、依诺、诗琪、语桐、宇轩。

“一诺”能独占鳌头，可见年轻一代对诚信的希冀。我同学当老师，是年级组长，一点名，会站起来三个“一诺”。

305

“王狗毛，陈拉飒（读音勒塞，指垃圾）。”这不是骂姓王的像狗毛一样不值钱，姓陈的都是垃圾货，而是说姓王的跟狗毛一般多，姓陈的像垃圾一样，哪里都有。

临海常住人口中，排名前五的姓氏，依次为王、陈、李、金、周。

王姓最多，一骑绝尘。其次是陈姓。

王狗毛

306

临海人中，复姓最多的为上官，其次为欧阳、令狐。听名字，这些人好像是武侠小说中走出来的武林高手。

307

在临海，最有势力的是哪些姓氏呢？

按照民国《台州府志》的说法，历史上的王氏一族，“号称望族，户口甲于六县”。姓王的最有“势力”，人最多。

其次是屈氏，毕竟人家城隍爷都姓屈。

再其次是钱氏，吴越王钱镠的很多子孙都居于临海。

308

临海人给娃起名很用心，给村庄起的名字，也很有诗意，像宋词小令，婉约又清丽。

临海有多美，从村名中也看得出。临海的村名中，有山河岁月，也有风花雪月，村名叫黎明、朝阳，叫日山后、半月山，叫上雪、大雷，叫路上、路下，叫后岸、前岸。

与山有关的，有上南山、下南山，有东山、西山、前山、后山，有松山、景山、半山、独山、茶山。

与水有关的，有山河、前江、始源、三江、溪下、洛河、赤水、沙渚，有长潭、隔水、后洋、溪边、潮际、船至、兰桥。与田园生活有关的，有燕居、花塘、辽园、茶岙、青田、枫林、桑园，芝麻地、荷莲地、杏树下、荷叶湾、溪头叶、逢谷安……

哈哈，竟然还有大房村和二房村。这两个村名，确定不是来搞笑的吗？

309

临海人给村子起名，是自然主义流派，有啥起啥：有栗树的，就叫栗树湾村；有茶树的，就叫茶寮村；有梨树的，就是梨树山村；有松树的，就叫松岭头村；有梅树的，叫梅树下村；有柏树的，叫柏树下村；村中有块两边开裂的巨石，就叫开石村；有水潭有岩石的，就叫岩潭村；有石如鼓的，就叫石鼓村；有块大乌石的就叫乌石头村；溪边长满箬竹的，叫箬溪村；有寺庙和尚的，就叫和尚往村；有通县城的大路，就叫大路王村。

天地大美，风物有序，有多少村庄，就有多少诗与远方。

310

临海有很多很多岙，这些以岙命名的地方，几乎都是临海古海岸线所在地。

有雀儿岙、碗岙、田岙、清水岙、网对岙、黄夫岙、花岙、上岙、张家岙、紫沙岙、周岙、龙潭岙、张岙、胡石岙、东岙、杨梅大岙、陈婆岙、豆岙、陶岙……

岙越多,海岸线越长。

311

以岙命名的村子也很多,有人统计过,临海叫“西岙”的村子有 8 个,叫“东岙”的村子有 9 个,叫“里岙”的村子有 11 个,叫“大岙”的村子有 15 个,叫“岙里”的村子有 22 个。

312

桃花岛、龙潭岙,是当年临海人的春游宝地,也是临海人的恋爱圣地。

每个临海人的青春记忆里,都有一个龙潭岙。那里古树多,奇石多,水潭多,柿树多,庙呀殿呀也很多,有延庆寺、赵元帅殿、枫树殿、关爷殿、后樟殿、太白殿、龙王殿(龙王庙)、后门堂、金屏院。

但凡搞团建(那时叫集体野炊),都会去龙潭岙,带上钢精锅、饺子皮和饺子馅。包好后,就近捡来柴火,用溪水现煮,感觉味道比现在的米其林大餐要好得多。

313

临海方言中,屿读 shì,屿是平地小山,在水为岛,在陆为屿。2000 多年前,临海的许多地方,海水还未完全退去,露出水面的其实是原本的小山,即屿。

临海有很多屿，像牛粪堆的，就叫牛屙屿，像凉帽的，就叫凉帽屿，像猢狲的，就叫猢狲屿，凹凸不平像癞头的，就叫癞头屿，还有猪头屿、棉花屿、乌屿、双屿、单屿、竹刀屿、前门屿、沙岗屿、红珠屿、大块屿、毛草屿、青亮屿、新罗屿、小浦屿等。

314

一个新罗屿，带出了大唐临海的海外交往史。

唐代时，临海海外贸易发达，新罗国（在今朝鲜半岛上）的商人经常来临海经商，新罗商船停泊处和聚居处，就叫新罗屿。叫法类似国外的唐人街。

新罗屿就在汛桥附近。

315

我朋友是地质爱好者，花了好几万，不远万里跑去北爱尔兰看巨人堤。巨人堤是6000万年前火山熔浆遇海水冷却后形成的六边形柱状节理，被列入地球十大地貌奇观。

我笑话她，费那个钱干吗，不如花几百元跑桃渚来看珊瑚岩群，还可以海鲜吃到撑。

桃渚的珊瑚岩，年代比北爱尔兰的巨人堤更久远，是8000万年前火山喷发留下的。

桃渚壮观的珊瑚岩

316

东矶列岛怎么来的呢？是括苍山“步入”东海后形成的。矶是水边突出的岩石，或指江河当中的石滩。

东矶列岛有大小岛屿57个，是观看海蚀地貌的最佳地点，还是临海主要的海鲜基地，是临海贪嘴货（方言，贪吃的人）心心念念的美食之岛。

317

西方有太阳神，月亮神，临海有日头佛、月亮佛。临海人把太阳称为日头佛，月亮称为月亮佛，雷神称为雷佛。

临海的佛很多，临海人有时挺佛系的。

318

临海话博大又精深。

我不知道临海究竟有多少个“娘”。人有娘，叫老娘，除了老娘，还有家娘（婆婆），除了家娘，还有度娘（大姑娘）；动物有娘，叫猪娘、狗娘、鹅娘，即母猪、母狗、母鹅；植物有娘，叫杨梅娘、枇杷娘、橘娘（植物的娘指的是果核）。

连个冷饭都有娘，叫冷饭娘。

表姐
大伯
表兄
二表姑
大姨妈
二姑
小舅公
叔叔
四姨丈
校友
堂同学
老师
姐姐
表叔
妈妈
阿姨
二姐
表同学
同学
四爷
堂侄孙
舅公
四叔
二伯
弟弟
爸爸
二弟
妹妹

临海话博大又精深

319

一个临海人说"没娘",你先不要同情心泛滥。他口中的没娘,可能是刚失去亲妈,更大的可能是水果没有果核。

村妇在村口摆摊,起劲推销,"格橘没娘咯,姨个甜"。她不是说筐里的蜜橘没有亲妈,而是说这蜜橘没有果核,格外甜。

320

白娘子是娘子,肥皂娘子也是娘子。

临海人说的娘子,有两种意思,一种是妻子,一种指圆溜溜的大果核。

临海人把无患子的果核称作肥皂娘子。盖因无患子有黄色果核,其外皮可以当肥皂。

321

临海人不止娘多,姊妹也多。凡是在一起的女性,不分老幼,都可叫姊妹,有小姊妹、老姊妹、好姊妹。

酒场上,喝到兴起,与你干杯的猛男一口一声"姊妹"。

不要问他究竟有几个好姊妹,全临海60万女人都可以是他的好姊妹。

322

姊妹多,娘姨表嫂也多。娘姨表嫂听上去好像是娘家的亲戚,其实是邻里之间妇人的互称。

你去菜场买个菜,菜贩子会称你为娘姨,尽管你跟他没有半毛钱的亲戚关系。

323

在沪杭,阿姨一般特指保姆。在临海,阿姨有可能指自己的亲妈。

临海人对母亲的称呼有很多,有叫姆的,有叫阿姆、姆阿的,也有叫姨和阿姨的,还有叫老娘的。

实际上,他们只有一个妈。

至于曾祖父,叫老太公,曾祖母叫老太婆,祖母叫娘娘(孃孃)。

324

传说中,月宫里有桂花树,有桂花酒,还有嫦娥和吴刚。临海人把桂花树称为娑婆树,桂花酒称为娑婆酒。月宫中那个砍桂树的吴刚,则是“娑婆树老倌”。

好好的一句诗,“吴刚捧出桂花酒”,到临海人的口中,变成了“娑婆树老倌捧出娑婆酒”。

哈哈,有点“印度阿三”那味儿。

325

临海土话属吴语范畴，有不少单音词。

一个外地人碰到临海人，问："爷爷怎么说？""呀。"

"鱼怎么说？""嗯。"

"蟹怎么说？""哈。"

"鞋子怎么说？""啊。"

"鸭子怎么说？""哎。"

外地人叹道，怎么临海这么多哑巴？

326

临海男人只有一个老婆，但听上去，好像有三妻四妾。

临海人称呼老婆，有叫小娘的，有叫女客、屋里厢的，有叫老安人、老孺人的，有叫里丈人、老娈人的，还有叫嗯客爿、乐孃的，也有叫屋里人、某某娘的。

不要觉得"女客"的称呼土得掉渣，这个称呼来自《高唐赋》，是正宗的雅言。从对老婆的称呼上，可以看出临海深不可测的文化底蕴。

327

至于老公呢，称呼也是多种多样的，有叫老倌、老头的，也有叫某某爸、我屋里人、外丈、男客的。

吵起架来，还可以骂他为绿寇，即强盗。

328

上海男人是宠妻狂魔，临海男人也是，他们说："最鲜是鸡，最亲是妻"；"爸是天，姆是地，老婆玉皇大帝"；"小麦粉要揉，老婆要娑"（娑，安抚）；"新讨老婆三年香，上茅坑头张三张"（张，张望）；"夫妻恩爱，讨饭情愿"；"新婚夫妻甜如蜜，手臂垫头勿落席"。

肉麻是肉麻，深情也深情。

329

临海男人不但是老婆奴，还是儿子奴，他们把儿子称作儿爷。

330

临海人称呼人，一般不直呼其名，而是以小辈的小名加辈分来称呼，比如某某娘、某某爸、某某外公之类。

我儿子小名老虎，临海朋友叫我老虎娘，听上去威风凛凛。

331

临海人把南瓜叫金瓜，蚕豆叫川豆。滚瓜壮，指一个人长得壮实圆胖，就像圆滚滚的冬瓜，委实形象。

包子、馒头是混在一起叫的，馒头叫馒头，包子也叫馒头，有肉的包子叫猪肉馒头，夹豆沙的包子叫豆沙馒头，无馅的馒头叫淡馒头。

332

判断一个人健康状况如何，不用进医院照 X 光做 CT，临海人的眼力赛过 X 光。

“人看面嘴，狗看毛羽。”一个人健不健康，看面色和唇色好不好；一条狗体格好不好，看狗毛是不是油光发亮。

哈哈，人与狗互为参照物。

333

临海人说“巧得猛”，意思是贼便宜。“巧卖”的意思是便宜卖。“对劈”，就是 PK。“劈硬柴”，指的是 AA 制。“放出啜奶气力”，意思就是“使出洪荒之力”。

“瞎扯淡”，用临海话讲，就是“蟹血灯芯灰”，意思是子虚乌有。因为蟹无血，灯芯灰几乎见不到。“蟹血灯芯灰”的简称就是两个字：蟹血。

当一个临海人嘴一撇，轻蔑地吐出两个字：蟹血。这表示你说的事他根本不相信。

334

临海人讲话喜欢用蛮字，乱蛮乱，大蛮大，细蛮细，好蛮好，壮蛮壮，气蛮气，甜蛮甜，龙蛮龙。龙蛮龙的意思就是靓、酷、帅、美。

为什么有这么多蛮？秦汉之前，临海属于瓯越地，是南蛮之地，中原人瞅瓯越人不顺眼，称我们为南蛮子。蛮字有鲁莽、野蛮、不开化之意。

临海人至今称壮年男人为大蛮男人，称壮年妇女为大蛮老孺人。

335

别地方的人只有一个头，临海人有很多头，有乌颅头（脑袋）、肩胛头（肩膀）、喉咙头（喉头）、手踭头（胳膊肘）、手节头（手指）、脚朏头（膝盖）。

还有窥星头（早晨）、早届头（上午）、日昼头（中午）、晏届头（下午）、黄昏头（傍晚）、晚头（今晚）、日头（白天）、夜头（晚上）、摘日头（晒太阳），后生头（小伙子）、度娘头（姑娘）、细佬头（男孩）、囡儿头（女孩）、老师头（师傅）、毛头（婴儿）。

嫩头，处事不老练者，即菜鸟。烂头，下三烂的人。小孩无法无天，惹恼了父母，父母就会扬手一闷头（一巴掌）。

336

村庄的名字，也有很多头，什么滩头、溪头、石头、湖头、沙头、磨头、塘头、埠头、墩头、灯头、岭头、坑头、桥头、坦头、往头、水岩头、柏树头、桐树头、木杓头、山儿头、桥儿头、下岗头、下汇头、许山头、毛桥头、百步岭头……

337

临海人称呼起动物,跟别地方不一样,老虎为大虫,蝼蛄为土狗,蜘蛛为蟢,蟛蜞为长卿,蚯蚓为蛐蟮,鲤鱼为鲤鲐,蟑螂为灶虱,蚂蚁为虎姆,狼为狗头虎,黄鳝为黄脯蟮,毛毛虫为毛蛓蝲(毛刺辣),蝮蛇为狗屎堆,虾蛄为虾勾弹,龙头鱼为水潺,鼓虾为拉尿虾。

按照临海人的土话,蚂蚁集团就是虎姆集团。家里进了只蟢(蜘蛛),是喜事上门。

338

鲁迅在《南腔北调集》里说:“有些人宁可居斗室,喂臭虫,一条洋服裤子却每晚必须压在枕头下,使两面裤腿上的折痕天天有棱角。”

这种人,临海人称之为长衫壳。

339

龙,是传说中的神异动物,能兴云降雨。临海人称一个人处处吃得开,做人风光,就猛夸某人“龙”。龙人,就是很风光、很有能耐的人。

除了龙蛮龙,还有龙鲜龙、龙得猛、龙杀甲、老实龙。

临海口中的龙人,有可能是各行各业的拔尖人才,有可能是领导身边红得发紫的人,也有可能是市井中那些吃得开的三教九流。

龙　人

340

临海人把吹牛称为“拉大麦屁”。临海人拿大麦当饲料，或用以制作麦芽糖。人吃了大麦，据说多屁。

341

官方曾评出十大名人，大张旗鼓来宣传，感人事迹一大堆，临海人啥也没记住，但民间评选出的十大名人，时隔几十年，临海人还在津津乐道。

临海人天生包容，对“异类”很宽容。民间十大名人，都是小人物，都是“异类”，但是临海人不以为异，而是称他们为龙人。

342

官方十大名人，只有大名没有外号，民间十大名人，只有外号没有大名，如大头、小烂脚、小雨伞、酒雕噱等。酒雕噱的噱是噱头的意思，此人虽然一年到头干着拉酒坛子的体力活，却穿着考究，西装笔挺。

还有一个卖杂货的侏儒，临海人称他为“零仃一”，意为小个子孤零零的样子。他卖杂货用手推车装货拉着走，车比人高，背后看过去，见车不见人，路人还以为这手推车是全自动的。

“零仃一”

343

临海话古意犹存,吃是啜,筷是箸,穿是着,又是亦,今天是即日,躲猫猫是囿猫囿乌,他(她)是渠,他们(她们)是渠伊,吃饭是嗄饭,猪肉是彘肉,青团是青餣,老虎是大虫。

鸟的读音是 diǎo,跟古汉语中的读音一个样。一个美女在巾山上大叫,“快点过来呀,这里有好多 diǎo”。

她是在赞美巾子山环境好,鸟很多,让同伴赶紧过来看。

344

九头鸟,又名飞生鸟或鼯鼠,状如蝙蝠,大如纸鸢。毛紫色,暗夜飞行。古人把它当中药材,用来治关节痛、头风痛。

老人们说,北固山上的九头鸟能发出“九调十三腔”。上世纪五六十年代,北固山上的居民还能听到九头鸟的叫声。

等我 80 年代末住到北固山下的望天台时,就再也没听到过了。

当临海人评价某人,“讲话九头喊”,相当于说此人信用评级不合格,没有可信度。

九头喊是九头鸟的叫声,九头鸟有九个头,每个头的叫声都不同。“讲话九头喊”即指此人说话信口开河,说变就变,没个准数。

临海人说一个人“讲话九头喊”，意谓此人说话根本不可信

345

宁听临海人吵架，不听天台人讲话。临海话软答答，天台话硬呛呛。

要说吴侬软语，全台州只有临海话才算得上。表示惊叹是啊呐呐，东西零碎是碎沫沫，耐心是耐孜孜，有嚼劲是韧纠纠，风骚是骚洌洌。

一句雷霆般的“干什么”，临海美女樱唇微启——“装介姆也”，兀自让人骨头酥了半边，再想吵的架也吵不起来了。

346

英国绅士伦纳德狂热地爱着女作家伍尔夫，连同她的才华、偏执和精神病一起爱。伦纳德在情书中称伍尔夫为“我最甜蜜的山魈儿”。

临海人把不愿与人打交道、性格内向的宅男称为孤独山魈。山魈是深山里的一种独脚鬼怪。

347

临海人是坚定的达尔文进化论者，小孩子叫小猢狲，老顽童则是老猢狲。

临海人说一个人天马行空，无拘无束，就叫猢狲放索，猢狲松了绳索，没了拘束。

天地生我小猢狲

348

花钱大手大脚的人，临海人称之为“甩大衫袖”。大衫袖是宽大的衣袖，以前人们将钱财装在衣袖中，一甩大衫袖，钱财就会从袖子中跑出来。相当于上海人以“脱底棺材”形容花钱大手大脚的人。

甩大衫袖比脱底棺材听上去文明多了。毕竟，临海是千年台州府，而上海，开埠的历史还不到二百年。

349

临海人比较超脱，想得开，不太喜欢搞小团体，不像有些地方的人，喜欢搞同乡会同学会，团团伙伙凑一堆，三天两头找理由聚会。

临海人骨子里自有一份不愿从俗的清高。

350

临海人看不上那些假充内行的人，讥笑他们“内行三叔婆，豆腐小麦做”。豆腐明明是黄豆做的，怎么可能是小麦做的呢？可见有多外行了。

如果单位领导是外行，又爱指手画脚发号施令，临海人嘴角一撇，“内行三叔婆，豆腐小麦做”。至于喜欢支使人干这干那，自己却啥也不干的人，临海人称之为“黄道士派账”。

就好像形容一个人啰唆，一句“种棉花讲到拆布碎”就足够了。

不点明，不说破，但一针见血，命中要害。这是临海人的厉害之处。

351

沪杭方言中有“十三点”，临海话则以“二六八”称轻微精神病者，严重者称“老癫”。

杭州话有“六二”（落儿），临海话有“老六”。“老六”指疯疯癫癫的人，或指佯狂之徒，为了表示程度深，“老六”前加上“癫人”二字，全称“癫人老六”，“六”也念成落，类似杭州话“六二”的六。

《读库》主编老六如果到了临海，不知有何感想？

352

在临海，当一个人沉着脸说你“十三”时，意为你是傻瓜蛋，当一个人笑着说你是“十三”时，就有了打情骂俏的成分。同样，当一个人板起脸孔说某人是“元宝”时，就是骂他是死人，但一个长辈亲昵地笑骂晚辈“小元宝”时，就有疼爱的成分。

如何拿捏，全凭临海人的语气。

353

临海人比较文明，骂人骂得比较含蓄，除了老六、十三，还有短路、人神、众生等。“人神”指的是行为超出常规的人，“众生”是畜类的总称。

从前我住茶田巷，隔壁一对夫妻，好起来如连体婴儿形影不离，吵起架来天崩地裂你死我活，为妻的怒骂自己的老倌为“众生”，即畜生，意思是猪狗不如。

我从女邻居那里学到了几句高深的骂人话，但一直找不到发挥的机会。

354

临海人让人睁大眼看仔细，就说“眼泡皮挽起望仔细”。比“睁大你的狗眼好好看看”文明得多，也形象得多。

从鼻孔里喷出一股气流，不屑地哼一声，在临海，这叫打鼻头铳或鼻头打铳，意思是嗤之以鼻。忒形象。

铳是旧时火器，类似于火药枪，放枪时，会发出很大的声响。

355

在临海话中，“白糊糊”是高频出现的一个词，意思就是无聊。

临海人经常自嘲：介姆（什么）千年台州府，满街文化人。临海千年台州府不假，满街都是白糊糊的人。

临海人有名士做派，适合说脱口秀。

356

“酒代”这个词流行于酒场，这里的“代”除了有酒囊饭袋的意思，还有代人喝酒的意思。在酒席上，别人都不擅喝酒，席间某君酒量惊人，大伙便把喝酒重任交予他，让他代喝酒，此人便被称为“酒代”。

酒代听上去，比酒囊饭袋强多了。

喝别人的酒，发自己的酒疯，还要找酒代。这在临海是大忌。

357

在临海，最常见到的鬼叫“胶黏鬼”。“胶黏”二字，用来形容一个人说话办事黏黏糊糊，拎不清。想想看，糨糊上身、糖浆上手的感觉如何，可不就是纠缠不清、黏滋答拉的？一个人啰里啰唆，说话办事不爽利，就是“胶黏鬼”。

隔壁温岭人把喜欢缠人的人称为洋百脚。洋百脚是一种植物，其花腥臭，黏人裤袜。

358

临海人讽刺那些炫富的人，称之为“屋柱脚包金”，屋柱就是房柱，房柱脚都要包金，可见有多烧包。

还有一句是“茅坑搅缠龙”，茅坑搅就是搅屎棍，搅屎棍都要缠上龙饰品，可见钱多得没处使。此举好比晋朝巨富石崇在厕所中置甲煎粉、沉香汁。

359

临海人惜字如金，称一个人有耐心，用一个字：耐。最多再加两个字：耐孜孜。

称某事好，也是一个字：赞。如果这事情相当好，那就是赞得猛、赞显赞。

对一个女人的最高评价，同样是一个字：惠。如果很能干，那就是惠得猛。

对一个男人的最高评价，也是一个字：龙。如果很风光，那就是龙得猛。

360

临海人说一个人有“爹味”，说话总要居高临下教训人，就说他“讲起话来像伯(bàng)”。

伯，是父亲的兄长，当然可以装大。

完整的说法是，“头发梳得像杏(àng)，衣裳着得像客(kàng)，讲起话来像伯(bàng)”。形容装模作样的人。

押韵押得很齐整。

361

临海人说话喜欢倒着说，气力、人客、鱼生、菜干、面干、饭焦、菜蔬、豆腐生、死人热等等。

说话还喜欢在叠词上加个“动”，相当于英文的-ing(现在进行时)，如抖抖动、荡荡动、晕晕动、旺旺动、摇摇动、晃晃动、擂擂动。

还有一个是用名词的叠音组成的词，叫“抖卵卵”，是形容小青年好表现、显摆。当然，只限于形容男性。如：刚刚挣了两万块，就抖卵卵到处说，要去新荣记请客。

362

婴儿叫毛头，未满月的婴儿则叫月里毛。

宝妈在一起聊天，问，你家毛头几周？一个道，周半。一个道，两周。

临海话中，周指的是一年。够周指的是满一年，周半就是一岁半，两周不是两星期，而是两岁。

如果听不懂，很容易误会临海的宝宝都是巨婴，七天就长那么大！

363

细佬指的是男孩，度娘头指的姑娘儿。

我朋友嫁给北方人，回老家临海生娃。产房门一开，护士抱着娃过来报喜，“细佬！细佬！”

她老公听得蒙圈：啥？姥姥？

七彩虎头帽

364

临海有各种各样的人,有老倌人、老安人(老婆)、泥水人(泥水匠)、木匠人(木匠)、驶车人(司机)、小佬人、大佬人、做戏人、白目人(文盲)……

"白目人"三字甚妙,意思是睁眼瞎,看得见字,不明其意,与白内障无关。

365

把气象说得那么诗意的,也只有临海人了。

黎明叫天亮蒙,就是天蒙蒙亮,清早叫窥星,倾盆大雨叫千竿大雨,毛毛雨叫雨花毛,闪电叫龙闪。

366

把东西硬塞给人家,称为"哦",表示程度深,用"硬哦",意思就是硬要塞给人家。

好希望临海人天天给我哦青蟹白蟹,桃梨杏梅。

367

在临海,表示"厉害"的程度副词,是"煞甲"。"尤煞甲",表示厉害得很;"老实煞甲",表示确实厉害;"煞甲得猛",就是非常厉害。

煞　甲

368

临海话表现力很强。形容一样东西轻,普通话会干巴巴地说“很轻”,临海话则用“屁轻”来形容,有时“屁轻”还不足以说明轻的程度,那就说“屁梢头轻”;血红不说血红,而说“血渍头红”;墨黑不说墨黑,而说“墨洞死黑”。

369

“老乡见老乡,两眼泪汪汪”,临海人把老乡称为“地方头人”,范围更小的同乡,则叫“同地方头人”。

过去,在国际上,凭着一首《国际歌》,就可以找到同志。现在,临海人凭着一根麦油脂,就可以把散落在天南地北的同地方头人召集起来。

370

临海的学校,都有靠山。台州卫校在北固山的山腰上,台州师专(现台州学院)和哲商小学在北固山的山脚下,临海师范在巾子山南麓。

我师兄杨建武,当过省文物局局长。20 世纪 80 年代,杨师兄考上台州师专中文科,背着行李从村里起身,到临海读大学。村里人没见过世面,心生疑问:怎么,临海也有大学?

在他们的心目中，高不可攀的大学只该办在北京、上海，临海怎么可能有大学呢？莫非这小子在糊弄人？

371

台州师专是台州最高学府。不要小瞧台州师专，它是教师的摇篮，也是培养官员的“黄埔军校”。上世纪80年代，台州师专的毕业生走出校门，比现在的北大清华博士生还要神气。

在很长一段时间内，台州各县市的头头脑脑、部委办局的这长那长，很多都是台州师专毕业的。那时，说自己是台师毕业的，相当于现在说自己藤校毕业，是一张金名片。

372

我的母校是台州中学，百年名校，老校区就在北固山麓。

台州中学的名字改过好多回，最早叫广文书院，为纪念台州文教始祖郑虔（郑为广文馆博士）而名。后来叫三台书院、三台中学堂（三台是台州的别称）。后又改名为台州府中学堂、浙江省第六中学堂、浙江省立台州中学、临海第一中学、台州中学。

就好像一个文学巨匠，少年时叫周樟寿，青年时叫周树人，中年时叫鲁迅，死后叫主将和旗手。

373

现在浙江十一城排序，台州排在第十，车牌也是浙J。当年台州在浙江十一府中排老六。

清末废科举，浙江各府的府学，改办成中学，最初叫府学堂，浙江十一府，就有了十一个府学堂。辛亥革命后，称中学堂。

按照浙江十一府的排序，从杭、嘉、湖、宁、绍、台、金、衢到严、温、處，依次给各府的中学命名。台州在浙江十一府中排老六，就叫浙江省第六中学。

那时六中大咖云集，朱自清，陆蠡、许钦文、章克标、陶元庆、徐懋庸等民国文化艺术界的名流，都曾执教于此。

374

抗战时，西南联大迁到昆明，浙大迁到丽水，但很多人不知道，浙江省立医药专科学校和浙江省立杭州高级医事职业学校曾迁到临海。

浙江省立医药专科学校是浙江医科大学（现浙江大学医学部）的前身，浙江省立杭州高级医事职业学校是浙江省卫生学校的前身。

375

鲁迅故居有一幅鲁迅肖像，用粗条木炭勾画而成，十分传神。画像的作者是陶元庆，是鲁迅的小同乡。陶元庆当时在省立第六中学担任美术教师。

376

电影《建党伟业》中，有一幕“火烧赵家楼，痛殴章宗祥”，其中就有台州汉子的身影。五四运动中，天台猛男陈荩民踩在同学的肩膀上，越过高墙，第一个跳进曹汝霖的家中，打开紧闭的大门。

陈荩民原名陈宏勋，因为火烧赵家楼被当局通缉。学校为了保护他，让他改名荩民，继续在校就读。陈荩民留法回来后，被聘为省立第六中学校长。为修校舍、添教具，筹借钱款 3000 元，这些钱从他个人工资中逐月扣还。

377

哲商小学在北固山下，也是百年名校，为纪念杨哲商而名。

杨哲商是光复会成员，立志推翻腐朽的清政府。他负责制造炸弹。1911 年 11 月 6 日，上海各大报纸相继刊出号外，称“满清已推翻，溥仪已逃跑”。正在制作炸弹的杨哲商，听闻捷报，激动拍案。没想到，拍得太用力了，案动灯落，引爆炸弹，杨哲商当场牺牲。

他的战友为了纪念他，在他当初参与创办的“耀梓体育学堂”的旧址上，创办了哲商小学。

杨哲商的女婿是开国将帅张崇文，张家四兄弟的名字为崇道、崇德、崇文、崇章，连起来就是道德文章。

378

1937年,美国女记者史沫特莱到延安采访毛泽东,在身边翻译的,其中一个就是临海人朱虚之。

朱虚之是个传奇人物,曾就读于黄埔军校,参与过围剿红军,却成为红军中的一员勇将。作为稀缺的无线电专家,在瑞金时,他的工资比毛泽东还高。“四渡赤水”时,他背着大功率电台,与部队反方向行进,用以迷惑敌人。平型关战役中,他指挥手下将电台架在五台山顶上,保证了通信的畅通。

朱虚之的夫人是老八路,交通员,腿脚特别快,走长路多久也不累,人称“小铁腿”。

379

东方的面孔西方的身材,梨涡浅笑,风情万种,朱珠连续八年入选“全球100张最美面孔”。在电视剧《大秦赋》中,朱珠是风流多情的秦始皇生母赵姬。在《精英律师》中,她轻松扭个胯,直接成为全剧最大的亮点。

朱珠回老家临海,有人盯着她看:我觉得你像一个人。朱珠调皮地问,像谁?那人说,像朱珠。

朱珠是红三代,爷爷原本给她起名朱继征,继续长征之意。

她爷爷就是开国将帅朱虚之。

380

美国大片《东京上空三十秒》,真实再现了二战时美国杜立特特遣队轰炸东京的历史。珍珠港被偷袭后,美军决定对日本本土实施空袭,“杜立特特遣队”的16架轰炸机,从美国“大黄蜂”号航母起飞,轰炸后,原计划降落衢州机场。

因燃料不足,天气恶劣,改降他处。其中7号机组在三门湾坠落,5名机上人员中4人受重伤。所幸他们得到及时救助,伤员被送往恩泽医局。伤好后,重返反法西斯战场。

381

台州医院是百年医院,前身为恩泽医局。清朝光绪年间,西医进入临海,一个叫白明登的英国医生,在临海创办了恩泽医局。

白明登的妻子莎拉是护士,她一到临海,就喜欢上了这座古城。她在日志里描述了初到临海的场景:“我们到台州府的第一印象就是古塔,一条美丽的江水围绕着台州府。”

382

第一次世界大战爆发后,白明登被召回英国做战地医生。陈省几从教会手中买下医局,改名为台州恩泽医院。因建在望天台上,老百姓管这家医院叫望天台陈家医院。

除了望天台陈家医院，当时还有旧仓头的汤家医院和东湖边的邵家医院。说是医院，其实跟小诊所差不多，恩泽是父子上阵，汤家是兄弟行医，邵家则是夫妻店。

383

台州公立医院是周至柔创办的，医院董事会中，董事长是国民政府空军总司令周至柔，董事为联勤总司令部副司令陈良。看这架势，还以为这是家军方医院。

医院开办后，第一台大号 X 光镜，是汤恩伯捐赠的。

解放后，台州公立医院与恩泽医局合并成为台州医院。撤地设市时，台州医院差一点搬去椒江。

384

民国时，临海出过不少闻人达人，把民国时候的闻人达人拉出来数数，那个时候，做到省部级高官、升到将军的大佬，一拉一长串。

1916 年间，浙江军政大权差不多全被台州人掌握，光一个省城，都督屈映光、师长童保暄、政务长张复元、参议会长王文庆、钱塘道尹郑文易，都是台州人。

那时浙江官场素有“三角党”之称，所谓“三角党”，其实就是“台州党”的含蓄说法，因为“台”字上“厶”偏旁像三角，故称三角党。三角党的党魁就是临海人屈映光。

王文庆墓

385

民国时，有四个临海人当过封疆大吏。屈映光当过山东省一把手，王文庆当过浙江省一把手，陈良当过上海市一把手，周至柔当过台湾省一把手。

蒋经国就是周至柔的老部下，小蒋对这位老长官一直敬重有加。

386

周至柔，原名百福，有个胞兄叫百篇，号斗诗，不过诗写得不咋地，有个胞弟叫百寿，是个哑巴，且有癫痫，寿命也不长。

周百福给自己起名至柔，并不是因为自己有多温柔，而是性子太过刚毅，故以“至柔”提醒自己，做人不要锋芒毕露。

真是缺什么叫什么。

387

屈映光出生前，其母梦魁星入户，因名之臣魁，后父亲给他改名映光，字文六，盖取文星光映六合之义。

孙中山当选为民国大总统，有屈映光的珍贵一票。当时屈映光是浙江五代表之一，与其他十六省的代表，共四十五人，投票选出孙中山为第一任大总统。

魁　星

388

民国时，周至柔是国民党空军总司令。抗战爆发后，周至柔兼任空军前敌司令部总指挥，指挥中国空军、苏联空军志愿队以及美国志愿航空队协同对日作战，从空中给日寇以沉重打击。

周至柔当时不会开飞机，为了不给别人留下话柄，年近四十的他苦学飞机驾驶，很快就能独立升空飞行。

周至柔最爱吃麦油脂。他到台湾后，晚年最大的遗憾就是在台湾找不到像样的菜头丝（萝卜丝）做麦油脂的馅。

389

临海有三座名山，北固山、巾子山、括苍山。

城北的北固山，是天然屏障，也是古代临海主要的政治活动场所，英雄和枭雄常在此抒发政治抱负。城南的巾子山，文人墨客常来吟风弄月。

至于括苍山，又长又仙，常有仙道出没。史书载，登之见苍龙，以其色苍苍然接海，故名括苍。

史书没有瞎说，天气晴朗时，站在括苍最高峰上远眺，能见到东海。

390

大固山的台，龙兴寺的塔。

大固山就是北固山，台即天台（天坛）。少年的我随调动的父母到临海时，就住在望天台，当时还纳闷，为什么是望天台，而不是望仙居、望温岭？

后来才知道，望天台是因方国珍在此建立宋国，筑坛祭天而名。这么说来，我还是皇城根下的老居民。

391

历朝历代闹革命最成功的，还得数元代的方国珍。方国珍闹革命的时候，朱元璋还在托钵乞食，郭子兴还在当他的土财主。

方国珍割据温州、台州、庆元（今宁波）二十年，阻绝了北方的粮道。他对元朝时叛时降，像个钟摆左右晃荡。朝廷拿他毫无办法。

有方大哥罩着，虽在元朝的铁腕统治下，台州百姓二十年来的日子基本还是安稳的，免去了兵燹之苦。后来方国珍投降了朱元璋，连带着三个儿子也为老朱家卖命。

392

历代的英雄或枭雄都在北固山上看过天象，我和同学也在北固山上夜观过天象。当是时也，我们发现乌云暗涌，北斗南移，天狼耀青光，紫微星暗淡。掐指一算，半夜要下暴雨，赶紧跑下山。

山上有城隍庙，方国珍建国称王时，就地取材，把城隍庙改成金銮殿，这恐怕是历史上最简陋的金銮殿了吧。

393

太平天国天王洪秀全以后，中国东南影响最大的农民反清运动领袖是临海人金满。金满出没山海间，公开与官府对抗，民间称之为"山大王"。

这位山大王头大，微胖，身不满五尺，但目光如炬，走夜路如履平地。他为人机警，晚上睡觉时手指缚香，香燃尽烧痛手指，马上转移。

他后来被招安，担任长江水师守备。光绪末年，辞官归乡。七十九岁那年，他预感大限将至，自戴冠服，端坐而逝。这事听上去很神。

394

金满接受招安后，被彭玉麟招至麾下。彭玉麟是湘军名将，曾任晚清兵部尚书，为人清廉刚直，不治私产，不御姬妾，以"不要命，不要钱，不要官"著称。金满跟彭家上上下下混得很熟，彭家女公子称他为"台州老头子"，根本看不出这个一脸和气的老头子是当年呼啸山林威风八面的山大王。

彭玉麟的长孙女彭见贞后来成了俞樾的孙媳妇。金满跟俞家也有了往来，俞樾还赠诗给这位山大王。

395

俞樾是清末著名的文学家、经学家，是章太炎、吴昌硕的老师。当年参加会试，在试卷中写下一句“花落春仍在”，被曾国藩赏识，成为其门生。

俞樾去了一趟东湖，为东湖的湖心亭亲题了一副楹联：“好水好山，出东郭不半里而至；宜晴宜雨，比西湖第一楼何如？”从此东湖就被称为小西湖。

俞樾有个著名的曾孙——现代诗人、红学家俞平伯。俞平伯出生前，母亲梦见和尚登门化缘，认为儿子是高僧转世，因此取小名为僧宝。

396

老人家都说北固山上有帝王之气，只是一般人看不出来。我在山脚下住了六年，也没看出来。我只好承认自己是凡人。

我一个同学说自己能看出来，不管是真是假，反正他后来成为我们班里官当得最大的一位。

397

北固山比较神，它是台州府衙所在地，是方国珍筑天坛的地方，后来成了台州卫校、台州党校、台州法院、临海党校的办公场所，它还是“伊甸园”，当年老师专就在山脚下，不少情种的初吻献给了北固山。

方国珍筑天台称王的地方，六百多年后却成了学子的恋爱角。就算鼓楼下的神算子，恐怕也算不到。

398

北固山上有很粗的梧桐树，在物资不丰富的年代，调皮的孩子秋天经常上山拣梧桐籽。捡回家，放在铁锅里噼哩啪啦爆炒，嗑起来比瓜子还香。

嗑过梧桐籽的人，现在大抵年过半百了。

399

徐明清是江青到延安的介绍人，两人相识于上世纪30年代。当年江青在上海被捕，是徐明清组织营救的，保释后，徐明清带江青回临海老家，让当中医的老爸给江青调养身体。江青去延安，也是徐明清介绍的。江青与毛泽东结婚，徐明清是座上宾。

徐明清没沾过江青什么光，却因江青吃尽苦头，坐了十四年的牢。她晚年一提起江青，就恨得牙痒。

不过，坐了那么多年牢，吃了那么多苦头，徐明清依旧活到九十七岁。

400

王维是临海人，跟唐代大诗人王维同名，曾任《解放日报》总编。

王维一生视办报为人生最大乐趣，有一次他去雁荡山，路过一座庙，看见庙里有个小和尚，正在看解放日报旗下的《报刊文摘》，他开怀大笑，连说了三声，“好！好！好！”

401

张春桥当《解放日报》总编辑时，王维是副总编，后来王维任第二总编辑，主持日常工作，姚文元成了他的下属。

张春桥与姚文元青云直上，成了“四人帮”中的两大员，王维却被批斗、隔离、监督劳动。但王维为人豁达，一直活到一百零四岁，无疾而终。

王维的亲家是写《弹起我心爱的土琵琶》的战地诗人芦芒，作家王小鹰是芦芒的女儿，也是王维的儿媳妇。

402

临海老话说，不怕你把巾子山移出城外。巾子山就是巾山，就在古城里头。

巾子山是临海的标志，也是临海人的靠山。它是临海人天天见面的一座山，是临海人的精神坐标。

别看巾子山矮墩墩，不过百米，但山不在高，有仙则名。巾子山是仙山，古代的仙人高人诗人，都爱往巾子山跑。

403

光一个浙江,叫巾子山的就有好几座,除了临海的巾子山,还有温州瑞安的巾子山、丽水青田的巾子山、宁波镇海的巾子山。

临海的巾子山,故事最多,也只有它,才配叫诗山。

404

诗人们搞诗会,不是到东湖,就是上巾山。千年前就有巾山诗会。那个因为硬头颈被灭了十族的方孝孺,曾经夜登巾山参加诗会,痛饮美酒,举杯望月,乘兴赋诗。

我读高中时,参加过小城文学青年搞的南国诗会,经常跟着那帮子文学青年上巾山,发点思古之幽情,写点为赋新词强说愁的诗。

405

巾子山有大小文峰塔,建双塔的初衷,是为了镇火神。为了增加功力,又建了千佛井,以水来克火。千佛井的井壁,全是用阴纹佛像砖砌成。

《临海县志》把此井说得很神秘,说塔与井“法相深藏,法施不露”。

临海人迷信起来是很认真很有气势的。

不过,在古代,许多正事,如果以神明的名义去办,确实会事半功倍,应者如云。

紫阳街太热闹了，千佛井里的青蛙也出来看热闹

406

台州历史上出过不少监察官员，个个都是铁面无私的硬头颈。为什么这里会出这么多监察官员呢？

临海人说得煞有介事，因为巾山“两峰像豸，多出侍御”。豸指的是獬豸，是古代传说中的异兽，能辨曲直，识忠奸，见人争斗就用角去顶坏人。这句话意思是巾山双峰像头上长角的獬豸，故多出监察御史。

邪门了，还真的给说中了！

407

临海出过文武五状元，出过一门五进士，出过兄弟四进士，还出过父子三巡抚。

为什么这些家族中进士跟搞批发似的，一中一连串？清代《台州府志》给出了答案：巾子山上有东西二塔，亦称大小文峰塔，是台州文运所钟。就因为有文峰塔，台州人参加科举考试，常常能父子兄弟联登甲等。

这因果关系，听上去有点玄乎啊。

杜桥木版年画“五子登科”

408

1661年，临海闹学潮，引发“两庠退学案”，此后文教中断，进士绝榜一百零二年。临海人叹道：龙脉断了，风水坏了！

临海人自有破解法，龙脉断了，就重续龙脉，风水坏了，就想办法让它变好。他们在丰泰门（今镇宁门与望江门之间）城墙上，建起一座石塔，与巾子山大小文峰塔遥相呼应，“以为催官兆”——认为可以出进士出大官。

民国时，临海出过很多高官。老辈人都说，这是石塔的功劳。

409

让台州文教走出低谷的，不是什么石塔，而是刘璈。刘璈是清代的铁腕知府，也是台州历史上对文教贡献最大的三人之一，其余两人，是郑虔和朱熹。

刘璈在台州任职九年，尽公私财力办学堂，扭转了台州文教的颓势。之后刘璈升官台湾，却被罗织罪名，流放到冰天雪地的黑龙江，悲惨死去。死讯传到台州，六县士绅聚集临海，含泪公祭前知府刘璈，并在东湖之滨为其立祠祭祀。

民国临海有刘璈街。临海崇和门门额上的字也是刘璈题的。

410

紫阳街全长1080米，千佛塔共有佛像砖1010块。说得出这两个数字，人家会觉得你是临海通。

千佛塔在龙兴寺内，是用一千多块阳纹佛像砖砌成的。它是临海最高大的古塔，也是浙江仅存的两座元代古塔之一。

411

从古到今，但凡高咖位的文艺界名流到过临海，临海人都爱整点东西纪念一下。临海人为任翻建了翠微亭，为顾况建了逋翁亭，为朱自清整了纪念馆。

顾况是白居易的老师。白居易年轻时到长安，拿了诗稿拜见前辈诗人顾况。顾况看到诗稿上的"白居易"三字，揶揄道，长安物价正贵，恐怕白居不易。等看到"野火烧不尽，春风吹又生"时，拍案道：能写出如此诗句，白居也易！

巾子山上有逋翁亭，是为纪念顾况而建的。逋翁是顾况的字。

412

怎么说话才显得自己有文化呢？不说"早安"，要说"晨辉晓露，蔚然醒来"。不说"太阳落山了，我想你"，要说"夕阳一点如红豆，已把相思写满天”。不说“秋天的月夜，我睡不着”，要说“山连极浦鸟飞尽，月上青林人未眠”。

最后一句是顾况在巾山上写的，彼时，顾况在临海当盐务局长（新亭盐监）。这位唐代大才子跟那些被贬官的倒霉鬼不同，他是自己主动要求到基层深入生活的。

413

唐代任翻是个“临海吹”，来一次临海，就吹捧一次临海。他月夜上巾山，宿在巾山寺，题寺壁上：“前峰月映一江水，僧在翠微开竹房。”

次日，任翻坐船离去，船行半途，发现江边双峰耸立，月色只能照到半江，半是清辉，半是幽暗，明暗相映，他觉得“前峰月映半江水”比“一江水”更富诗意。

任翻遂决定返回修改，待他到题壁前，发现已有人替他改好了。任翻心里是大写的一个“服”，他击掌大赞：“台州有人！”

414

任翻有个粉丝叫赵与逮，南宋时出任台州知州，一上任，就到巾山上寻找任翻诗中的意境，发现任翻诗中所写的翠微阁已毁，大为惋惜。为了让偶像“百里回头，只改一字”的风流能续存下来，他命人在旧址上重建了翠微阁。

绝对是真爱粉。

清时，翠微阁改名为三至阁，意为纪念任翻三度来临海。

前峰月映半江水

415

北京奥运会开幕式上，一幅书画卷轴缓缓展开，几位舞者在巨大的画卷上翩翩起舞，以身体为笔作画，呈现出水墨山水画的古典意境。

历史上第一个以身体为笔作画的画家，就是顾况的助手王墨。

王墨，一称王默，早年随郑虔学画。画史上载，王墨酒醉后，用发髻蘸着墨汁，在绢素上作画。

后来盛唐出了一个大书法家叫张旭，酒醉之后，也是用头发蘸墨狂书一气，张旭酒醒之后，看着那独创的“发书”，都不敢相信是自己写的。

416

巾子山是仙山，也是座诗山，从唐代开始，历代留在巾山上的诗有1300 多首，跟留在天台山上的差不多。

朱熹在巾子山喝过酒，看过云，讲过学，写过诗。诗写得不咋地，我没记住。

朱熹是个假正经的老倌人（方言，老头），不过，临海人没有抹杀他对文教的贡献。他在巾山开精舍讲学，造就了台州十大儒。

417

齐召南是天台人，是大学者，是清代台州人中官当得最大的，他 12 岁到巾子山，写下“欸乃一声惊雁起，斜排人字过巾山”，人皆称神童。

齐召南有过目不忘的本领。清政府收复新疆,在如何设置军政机构上,无从下手。问询齐召南时,齐召南一一指出,于何处置哨所,于何处建驿站,何处屯兵。问他怎么知道,齐召南说,嘿,《汉书·地理志》里早就有了。

齐召南到北固山上看过天象。不知道他有没有看出大清气数与自己的命运。

不过,即使知道了,他也不会说。

418

有野心的人喜欢上北固山,有诗意的人喜欢上巾山,有武功的人喜欢去括苍山。

巾山上有高人。从前有一个叫林显之的读书人,号巾山处士,隐居乡间,不和当局有任何关联。他造的房子四面只是涂白,没有任何装饰,开创了侘寂风的先河。他在空荡荡的房间里焚香品茗,有同道来访,则纵谈古今,但不谈政治。客人一去,则弹琴自娱,一曲则止。

"作"都"作"得青史留名。

419

还有一个处士,人称"独冷先生",大名叫张天秩,据说是汉代张良的后裔。

独冷先生很清高,从不与官府打交道。他在巾山下建了房子,平日里就躺平,看看白云苍狗,坐在梧桐树下高歌,唱什么"别人喧闹我安静，众人皆热我独冷”。

明代的刘伯温专门为他写了一篇《独冷先生传》，说他朝饮坠露，暮食落英，倍儿有气节。

这些高人有一样的清高，更有趣的是，记录他们清高行为的，都是官府的红人。

420

临海人爱看雪，偶尔下次雪，临海人大呼小叫的，不是上巾山就是上括苍山。

巾山雪景很出名，别问我怎么知道的，南宋绍兴县领导（会稽县主簿）高似孙，冬天跑到巾山赏雪，写下一句诗——“携诗来做台州雪，台州雪好无人说”，感叹这么好的雪景，天下人却不知道。

哈哈，这也怪不得天下人，只怪巾山海拔太低，即使有雪，也不厚，积不久即融化了，诗人来不及赋诗。

421

有个导游带团到巾山，指着不远处的摩崖说，这是仙人的“遗精处”。女游客听得红了脸，觉得这个导游太“污”了，简直就是个下流坯，要投诉他。

其实，女游客想歪了，导游说的是“遗巾处”。

巾山的得名，是因为一位高道。当年皇华真人在此修炼，修炼有成，得道飞升，回望自己修道多年的小山时，头巾坠落山中，故称巾山。

华胥洞

422

都说庐山云雾多，括苍山的云雾比它还要多，一年有云雾的日子，最多时有 307 天。都说东北雾凇美，括苍山的雾凇也美不可言。

天寒地冻时，经常有人跑到山上看雾凇，鼻涕都冻成冰条子了，还觉得值。

423

老底子临海人都说，临海不怕风，但怕水。

紫阳街因为地势低，经常被水淹。一到七月，临海人民的最大心事就是等台风，就像姑娘等情郎，不是怕它来，而是怕它乱来。

424

临海经常“做大水”（方言，发大水）。灵江义无反顾地奔向大海，大海因为涨潮，却欲拒还休，时不时把江水冲回来。真是郎有情妾无意。海潮顶托，海水倒灌，是台风季水没临海的主要原因。

有个内陆地区的人出差到临海，刚好碰上台风袭城。他想出门看看台风有多猛，结果一出门，就被台风拍到墙壁上，直接拍成了一幅壁画。

425

香港回归的那一年，来了个 11 号台风。半个府城被淹，那时我住茶田巷一楼,家中倒灌进来的洪水有半米多深,家具与眠床全泡在水中。我找出家里的洗脚盆当小船,让 3 岁的儿子坐在盆里在客厅划水玩。

水退后,我在院子里抓获鲤鱼一条。是上游的牛头山水库放水,一路冲下来的。院子里抓到鲤鱼,如果搁在古代,完全可以说成佛祖显灵什么的祥瑞。

426

平时,临海人的出行工具是小汽车、电瓶车。台风袭城,水淹府城,临海人出行的工具,是小船、轮胎和门板。

少年不知愁滋味,抬来门板当竹筏,在城里划水而过,一路唱着“妹妹你坐船头,哥哥在岸上走”,成为整条街最靓的仔。

临海人幽默,感叹道:临海临海,在城区终于可以看到海了!

427

临海人许愿跑哪里?

可以是寺庙,也可以是括苍山顶。括苍山顶有流星雨,对着流星许个愿。

古代道人喜欢到括苍山修行。现在的年轻人喜欢搬顶帐篷到山顶露营。

也算是带发修行。

428

括苍山不是一座山，而是一列一列的山脉，很长很长，长到神龙见首不见尾。

括苍山脉绵亘于莲都、缙云、永嘉、仙居、临海、黄岩等地，长达300余里，绵延起伏。

我曾经开着车沿着括苍山脉前行，却总也走不出括苍山的怀抱。

429

括苍山的主峰米筛浪为浙东南第一高峰，也是中国大陆距海岸线60公里范围内的最高峰，海拔1382.4米，也是新千年祖国大陆第一缕阳光首照地。

我年轻的时候也想仗剑走天涯，走到括苍山脚就放弃了。山太高，过不去。山太长，走不完。

430

金庸笔下有天山童姥，括苍山有不老仙姑。相传徐仙姑曾在括苍山修道多年，徐仙姑是那个年代的高干子女，她爹是隋朝仆射。

据说徐仙姑擅长禁咒之术，虽年岁已高，但驻颜有术，看上去只有二十四五。可谓是“括苍山童姥”。

431

临海城南郊有一座山叫鸡笼山，当年曾去爬过，记得山上有一座小寺庙。现在有高速公路隧道穿山而过，再看隧道边的标识，写着“麒龙山”。可能是造路的时候改的。但我觉得，还是鸡笼山更好。

能将高速公路隧道装进去，这鸡笼得有多大呀？

432

我刚到临海时，听老人说起“打雷山”，还以为此山经常打雷，后来才知道是大雷山。

大雷山的起点是仙霞岭，它是临海、仙居、天台三地的界山。

433

你以为的海是湛蓝湛蓝的，其实也有可能是土黄土黄的。

临海的海黄不拉几。临海人很稀罕自己的这片海。每次外地作家到临海采风，临海人总要兴致勃勃地带他们去看海。

别嫌弃这片土黄的海。泥浆样的海水富含营养物质，鱼呀贝呀天天吃营养大餐，才会这么鲜甜。

434

如果临海是个人，他五行一定不缺水。临海最主要的大江大河有

7 条，大大小小的河流有 75 条，总计长 869 公里。

435

灵江是浙江的第三大河，又名临海江、台州河。上游为仙居的永安溪和天台的始丰溪，中游为灵江，下游至出海口为椒江。灵江源有个美丽的名字，值得一记，叫天堂尖。

灵江出台州湾后，流入东海。东海的海鲜这么鲜甜，有灵江的功劳，因为灵江源源不断地把陆地上的营养物质输送给东海。

436

多年前，在临海凤凰山麓一带的灵江沙层中，挖掘出一对中年男女的头骨。据考证，埋骨时间为距今约十万年前的第一次星轮虫海侵期。这是台州大地上最早的人类，被命名为“灵江人”。

如果按辈分，我们应该叫他俩太太太……公和太太太……婆。

叫得舌头都打结了。

437

浙江的文化之源是上山文化。考古学界泰斗严文明说，浙江的遗址名很有内涵——从美丽的小洲（良渚，五千年）出发，过一个渡口（河姆渡，七千年），跨过一座桥（跨湖桥，八千年），最后上了山（上山，一万年），这是一条通向远古的诗意之路。沿着这条路，我们可以看到我们祖先的生活方式。

上山文化以金衢盆地为中心，向南直达台州。仙居下汤遗址、临海小芝峙山头遗址，是上山文化的重要组成部分。

离大海最近的遗址，就是临海的峙山头遗址。

438

网上有人问：灵江和椒江，究竟哪条才算台州的母亲河呢？

临海人猛打鼻头铳（方言，形容哼声）：什么鬼调八卦，问这个问题就像问长江和扬子江哪条才是母亲河一样蠢，长江的入海河段叫扬子江，但母亲河就是长江！灵江的入海河段叫椒江，但母亲河就是灵江，千百年都是这么说的。

临海人说，要改母亲河，先问问老祖宗同不同意。哼！

439

临海人对灵江有执念。一听有人把灵江叫成椒江或椒灵江，就气不打一处来。打鼻头铳还不算，在网上打笔架也不够，还给市长热线打电话、给省长信箱写信、给水利部部长写信。人大代表也没闲着，联合提交议案，主题只有一个：椒江只是灵江下游的一小段。灵江才是八大水系之一，才是台州的母亲河！胡乱改名等于数典忘祖。

临海人可以不较真，但较真起来，比谁都认真，而且较的真都有理有据，引经据典。

有文化，真可怕！

440

灵江是临海人的敏感点，我写过很多关于临海的文章，把临海夸成一朵花，看得临海人心花怒放，一到临海，就请我吃香的喝辣的。后来在一篇文章中，和稀泥地把灵江写成椒灵江，临海朋友很生气：我本来要请你在新荣记吃一顿，现在我只能在大排档请你吃猪大肠了。

哦嗬，临海人生气的理由挺可爱的。

441

早年灵江上有纤夫。船过急流险滩或搁浅时，纤夫就会背着纤绳使劲往前拉。那时上游的始丰溪、永安溪还没建水库，灵江上桥也少，江面有100多米宽，运送木头不用走陆路。在上游放木排，从仙居、天台一路漂下来，可以一直漂到临海。

后来上游造了水库，水流减少，淤泥堆积，河床抬高，两溪慢慢断航了。现在的灵江两岸，既看不到纤夫，也看不到木排。

凡是说自己看到过纤夫和木排的，我都敬他三分，因为他的资格足够老，因为他见证过一条河流的历史。

442

从前，年轻人谈对象都喜欢去江边，有些生猛的，从浮桥上一个猛子扎进灵江中。

夏天时,调皮的细佬(方言,男孩)成群到灵江游泳,为了省力,会用手搭着风帆船的船沿,一直搭到上游,他们管这叫“搭顺风船”。胆子大一些的,还会爬上船,偷吃艄公的饭菜。到了上游后,等到退潮时再顺流而下,可以省不少力气。

443

杭州有运河,绍兴有运河,宁波有运河,那是京杭大运河的浙东段。

别说临海没有运河,临海也有自己的运河,叫东大河,从临海城关东门沿临杭公路,经城东、塘里至大田,全长10公里。

这条人工河是解放前开挖的,当初河面很宽,有10多米,可通航,可灌溉。

444

台州现存的第一部酿酒专著叫《六必酒经》,是清代杨万树集历代酿酒经验,总结浙东酿酒技艺写的。书中说,四时节气决定了水质,水质决定了酒的品质,他说,春水“性滥而味薄”,夏水“色赤味浊”,不堪造酿,秋水“性洁味洌”,最好的是冬水,“结冻凝冰,至柔而复至坚,体重味厚”。

杨万树因仰慕苏轼醉吟于西湖山水间,自号“苏堤”。我觉得他自号“杜康”更合适。

445

旧有“赤城地，灵江水，丹丘井”之谣。赤城、丹丘，在古人心目中，都是令人神往的仙境，亦是台州的别称。

古代临海有一种好酒，叫灵江风月，取灵江之水酿成。临海人认为，地理、文化、节气、阴阳什么的，都能影响到酒的口感，非灵江之水，酿不出此等好酒。

446

沉寂数百年，灵江风月重出江湖。还是传统酿造工艺，还是100多道工序，最快22天出酒(比工业制酒的时间长一倍)。

一个才子好酒，与佳人痛饮灵江风月，醉得差点出溜到桌子底下。他说，喝这酒，若不与佳人同饮，不谈点风花雪月，就对不起酒瓶上的“风月”二字。

447

黄酒称老酒；白酒称烧酒；杨梅浸白酒，叫杨梅烧。时代在进步，临海人的酒量却在退步。

两宋时期，临海的酒业相当发达，有记载的酒坊就有28座。好酒有蒙泉和灵江风月。宋代，临海还有专门管理酒业的机关都酒务和存放酒的酒库。

临海有个地名就叫摆酒营，想来当年摆了很多很多好酒。

448

有人钻研佛经，有人钻研酒经，有人钻研鲞经。清末，临海的一对祖孙“吃货”王克恭和王屏藩，接力编撰，完成《鲞经》，这是中国历史上第一部系统研究晒制鱼干的著作。

王大爷的写作动机是什么呢？是他卧病月余，医生说要忌口，唯薄粥淡鲞可食。他遵医嘱吃薄粥淡鲞，却没有吃到好鲞，一生气，写了本《鲞经》。

王大爷还是个“吃瓜群众”，写了本《瓜谱》。

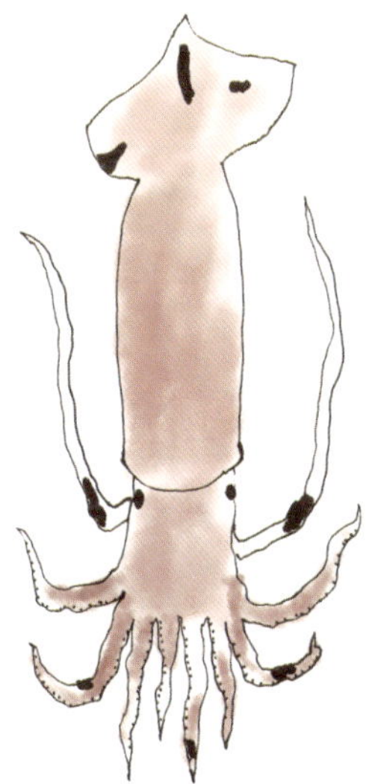

鱿　鱼

449

别以为东湖一带只是莺莺燕燕的江南园林，千年前，它是台州禁军和厢军的水军营，还是全国十大造船基地之一。一千多年前的北宋，这里就能年造船一百二十六艘，三天时间，就能造出一条船。

造好的船，直接下水，当年的东湖与灵江相通，面积比现在的东湖大多了。

450

台州有记载的最早的官办书院，是南宋的上蔡书院。元代时，上蔡书院是全国四十一所著名书院之一。

上蔡书院建在东湖里，这环境，也是好到没的说。换成我，早就偷偷溜出去逛园子赏荷花去了，哪里还静得下心来读书啊。

451

南宋著名才子谢希孟与一代名儒陈亮在东湖打过一架。

谢希孟很帅很有才，是名门之后，祖上当过大官，与他交往的辛弃疾、陆游、朱熹、陆九渊、吕祖谦、叶适等皆一时俊杰。贾宝玉说女儿是水做的骨肉，男儿是泥做的骨肉。这句话就是拾谢希孟的牙慧。

谢公子曾说过："天地英灵之气，不钟于世之男子，而钟于妇人。"

陈亮到台州，士子争相求见。谢希孟与陈亮是至交，在东湖宴请他，还叫来官伎一起喝酒。席间有人敬酒，陈亮只顾与官伎谈笑，酒至没有马上饮，惹毛了谢希孟，谢就责备他。两个才子话不投机，先是相互大骂，继而大打出手，吓得官伎尖叫着全跑光了。

452

以前东湖周边，有军分区，有高炮营，有警通连，有417医院。417医院是部队医院，之前叫360医院。417医院的女兵，个个都很精神，英姿飒爽。而军分区的帅小伙也很多，走在路上，总有不低的回头率。

那时同学中如果有人有亲戚在军分区上班，简直比在中南海上班还要让人羡慕。

453

灵湖是东湖的姐妹湖，是围堰挖的人工湖，比东湖大好几倍，获过中国人居环境范例奖。

我一个女友，住在灵湖边上，她很喜欢灵湖，说，天天看灵湖，人也变得有灵气起来了。

按照她的说法，我天天看钱塘江，人也会变得有钱起来。

454

有一个朋友，原先不怎么风雅，住到灵湖边后，真的变风雅了。她把车库改造成茶室，喝茶也不说喝茶了，叫品茗；上厕所也不叫上厕所了，叫更衣；老公也不叫“死老倌”了，叫相公。

她很认真地跟我说，人家都说西湖好，我感觉还是灵湖好！

455

从前，谈恋爱最好的去处是东湖，曲里拐弯，长亭短亭，还有回廊台阶。情场老手一圈走下来，差不多就能把女孩拿捏住了。后来有了灵湖，临海人谈恋爱全跑灵湖去了。连拍婚纱照，也从东湖转移到了灵湖。

我问临海人更喜欢哪个湖。

临海人说，都喜欢。如果没有东湖，老城就少了几分灵动；如果没有灵湖，新城就少了几分妩媚。

临海人都有当外交官的潜质，外交辞令说得那么溜。

456

春天漫山遍野的映山红，临海人称之为柴爿花，其实准确的叫法是谢豹花。

夏天满院子开着的栀子花，临海人称之为牛屎花，其实准确的叫法是玉瓯花。

就像“十姨庙”，并不是为了纪念十个姨太太，而是为了纪念杜甫。杜甫曾任左拾遗，故世人以“杜拾遗”相称，乡人以讹传讹，“拾遗庙”变成了“十姨庙”。

哈哈哈！

457

老话说，临海有四奇：城隍庙的钟，后岭跨的风，泉井洋的水，山宫坦的鬼。

城隍山的钟很响，后岭跨的风很大，泉井洋的水很清，山宫坦的鬼很多。住在临海十七年，除了山宫坦的鬼没见过，其他三奇全见过。

山宫坦其实没有什么鬼，宋代临海有公墓，名字叫漏泽园，就在临海城东法安院之侧，俗称山宫。

458

泉井洋的井很出名，此井为五代时的台州一把手（刺史）钱俶开凿，钱俶后来成了吴越国国王。这口井也算是御井。

据说用此井水炮制出来的药、酿出来的酒，味道不一样。

459

泉井洋井距东湖不过几百米，边上有台州教师进修学校。

我去学校访友，朋友特地用井水泡茶给我喝，边喝茶边跟我讲道。这位仁兄姓包，潜心向佛，当了二十年居士，多次跟我说想遁入空门。

我说，你要遁就早点遁，最好就近遁到龙兴寺。我到寺庙来看你也方便,还可以顺便品尝一下庙里的素斋。

后来他找了一个心仪的姑娘,成了家,从此不再提出家的事。

460

三井巷曾经挖出一捧活蹦乱跳的小虾,临海人组团看稀奇。街坊老太太一个劲地念着“阿米豆腐”,直道这虾是“神虾”,是周七娘显灵嘞。

据说周七娘是普贤菩萨的化身,长大后不愿嫁人,每天在市集上乞讨,晚上就睡在普济桥下。她吃完虾,能把活虾从口里吐出来。

其实,三井巷边上有口深井,“神虾”是打水时被带上来的。

461

临海有很多井。最多时,光府城内就有 786 眼。最早的一口古井,打于晋朝。

不少地方因井而名,像二井巷、三井巷、井头街、竹园井。

据传,当年方孝孺的老师曾居二井巷,听闻学生被诛十族,愤而跳井,这口井因而被称为义井,叫着叫着就成了二井。就像我的朋友二秉,叫着叫着,被叫成了二饼。

462

临海有七塔八金刚。说得出七塔八金刚的人,道行都很深。

七塔指大小文峰塔、多宝塔、南山殿塔、顺感院的白塔、惠日院的塔幢、丰泰门城墙上的石塔。

八金刚指巾山南麓兜率寺和北麓天宁寺(今龙兴寺)内,各有四大金刚塑像。

463

所有与桥相关的地名,当年都有流水潺潺、河道弯弯。临海有著名的洗菜桥,还有“三飞四走桥”。

三飞桥是鹫桥、鹳桥、驾鹊桥,以三种飞禽命名;四走桥是会龙桥、麒麟桥、狮子桥、卖猫桥,以四种走兽命名。

鹫桥原本是州桥,是台州府衙的东桥。台州府衙是古代台州最高的权力机构,而鹫又是鹰中最凶狠者,临海方言中,州、鹫同音,故名鹫桥。

台州人把“吃货”称为“贪吃鹫”,很形象,很有喜感,借用的就是这个食相凶猛的鹫。

464

临海城有两面,一面是铜墙铁壁,一面是烟火人间。临海人亦有两面,一面是风雅,一面是狂野。

风雅起来跑到北固山看云,巾山上看雪,东湖上望月,江南长城脚下看梅花。狂野起来,跑一场柴古唐斯·括苍越野赛,把帐篷搭到浙东南第一高峰上。

临海人开门见山，出门见湖

465

广文路、军体路、巾山路的人行道下面，早先是河床，那时走在路上，能听到脚下哗哗的水流声。

早先古城内有很多河道和溪道，人们临溪、临河而居，出门下了台阶便能提水、洗菜、浣衣，处处是小桥流水人家。

其实，“早先”离现在也不远，也就二三十年的时间。

466

数风流人物，要看临海。数风雅人物，也得看临海。

海子说，要关心粮食与蔬菜。临海人不但关心粮食与蔬菜，还关心花朵与果实。

当然，钱包他们也是关心的。

467

别的地方，市花市树只有一种，临海市花市树有好几种，市树是樟树、银杏，市花是桂花、茶花、兰花。

临海的好树好花太多了，临海人得了选择困难症。

468

东北的朋友跟我说，临海的冬天比他们那旮旯的春天还要绿。

临海的森林覆盖率达 64.2%,城市绿地覆盖率达 41%,还有国家级森林公园括苍山,妥妥的氧吧城市。

每次临海人用不标准的“普通坏”卖力地向外人推荐临海,说临海是氧吧城市时,听的人总是一脸蒙:什么?临海是哑巴城市?

嗨,这都是哪儿跟哪儿呀!

469

古城以前并没那么绿,我读高中时,整座城市也是灰不溜秋的。为了给临海披上迷彩服,城里引种了各种树。最早从温州引入大叶桉树,结果一个冬天全冻死了。引入小叶桉树,也死了。

后来引种了法国梧桐,法国梧桐很适应临海的水土,扎下根来。几十年下来,郁郁葱葱,夏天时,枝叶伸展成一把把巨大的遮阳伞。

470

临海人爱种花,也爱种菜。顶楼的天台,就是空中菜园。无论千万级的豪宅,还是老小区的边边角角,只要有土,都会被开垦成菜地。工地一角,也会变成菜园子。

我朋友退休归田后,在郊区租了块地种菜,时不时锄禾日当午,汗滴禾下土,逢人就送菜。

种菜后,他身上七七八八的老毛病全好了,讲话也不打官腔了。

471

太平天国台门里，有一棵桂花树，种在花缸里，桂花树越长越大，把花缸都撑破了。

咸丰十一年(1861)，太平军攻入杭州，后又攻入金华和台州。临海的太平天国台门，就在紫阳街边上，是当年太平军在台州的指挥部，当地人都叫“长毛台门”。因为太平军都不剃额发，不扎辫。

472

临海百岁老人多，百岁树木更多。

临海曾经用半年时间搞过树木普查，查出百岁高龄的古树名木有1347株，最多的是樟树，还有柏树、枫树、朴树和银杏树。

临海的古树名木跟人一样，有身份证——古树名木保护牌。

473

最老的隋樟，长在北固山的城隍庙里，有1400多岁，经历了许多朝代的更迭。它的树干被雷劈断前，有一个很大的树洞，当年住在北固山、望天台的孩子，都钻过树洞。

老樟树生命力顽强，人们视之为“福树”，不少人来这里祈福，还有人拜它为干爹。

我有一个男同学，就是它的干儿子。

474

老影剧院对面，有一株很大的银杏树，一个人抱不过来，秋天时，落下一地金黄。它长在大街上，占了好大一块地盘。所有经过这里的行人和车辆都要向它致敬，然后绕道而行。

这棵长在马路中间的银杏树，给人和车带来很多不便，但临海人从来没想过让它挪个地儿。

我喜欢有人情味的临海。

475

江南街道有棵“九龙柏”，千岁高龄，是全国100株最美古树之一。享受的也是高级别待遇——身体时不时做全面体检，偶染小恙，就有树医来开处方。

这棵树真的很美，春天一大片金黄的油菜花是它的背景，衬托得它高大挺拔，连樱花都黯然失色。

有个老领导，从不写诗，看到树后诗兴大发：“啊，好美的树，远望如一团郁郁葱葱的墨绿色云朵，悬在半空。”

476

当年邓巷有个园子，里面有一棵很高大的皂荚树，树干粗如殿柱，到了秋天，果实累累，附近居民常采摘皂角当肥皂，后来这棵树不知何故枯死了。

挖掘树根时,人们发现树底下有大量贝壳。

老人们都说,很多很多年前,这里是一片海。临海临海,那时真的有海。

477

临海是野茶的原生地之一。

临海有一种水古茶,也叫水牯茶,听名字就知道它资格有多老。它长在临海涌泉的大山里,是昆明世博园茶园栽种的12种代表性茶树之一。

我喝过百年老树的茶,还没喝过千年野生老树的茶呢。

到临海,能饮一杯无?

478

这树那树,还有黄大树。黄大树不是发黄的大树,是野生的古建专家。世界佛教中心尼泊尔蓝毗尼(释迦牟尼诞生地)的中华寺,就是赵朴初指定黄大树去修建的。

黄大树修复的古塔、古庙、古居有多少,数不清。反正临海城里的寺呀庙呀老街呀古城墙呀,修复时都少不了他。

479

临海人都是“花痴”。一年四季，哪一季都要有花赏，赏花还不能出城。

春天的第一场花展是兰花展，一办就是十几年。最贵的一盆兰花，可以换到一套房。

光办展还不够，还要为它办杂志，还要写诗吹捧它，把舍不得用在老婆身上的好词好句，一股脑儿全献给它。

480

临海“花痴”的必答题：临海轰轰烈烈的春天是从哪条路开始的？——巾山路。

惊蛰一到，巾山中路巾山东路满街都是玉兰花，开得像花神下凡。少男少女，骑行在花树下，有宫崎骏动画片的浪漫。

我能想到最浪漫的事，就是牵着你的手，和你在巾山路的花树下趟街（方言，逛街）。

481

以前老新华书店门口，夏天有卖茉莉花和白兰花的娘姨。主妇买好菜，顺路买一串茉莉花手链戴在手腕上，买两朵白兰花别在衣襟上。

很临海，很江南。

482

花枝斗酒是旧时文人喝酒时极为风雅的游戏，折取时令花朵，以花传客，每传到一位客人手中，就摘掉一片花瓣，谁摘下最后一片花瓣，就罚谁喝酒。明代状元郎秦鸣雷爱花下喝酒，也爱花枝斗酒，他在诗中写道："花枝斗酒玩情微，林畔何须待白衣。"

我想到临海折朵花，与朋友斗一回酒。

483

那时还有"飞英会"，即在花架下宴请宾客，花架上的花朵被风吹落到谁的酒杯里，谁就要喝酒一杯。

这比现在的以猜拳输赢决定谁喝酒格调高多了。

484

临海人的日子，从来都是风雅的。

过去东湖荷花开时，城中名流荡舟东湖，拗荷叶为杯，狂饮于十里荷花之中。

此种饮酒法称为碧筒饮。酒被称为碧筒酒，用来盛酒的荷叶，称为荷杯、荷盏、碧筒杯。

荷花开了，谁能陪我去东湖饮一杯碧筒酒？

碧筒杯

485

宋代的包恢是包拯兄弟的后裔，跟包拯一样清正廉洁，当过台州一把手，后来官至刑部尚书。

硬汉也有柔情。包市长爱荷如痴，写过很多荷花诗，他为东湖荷花大唱赞歌：“湖中皆莲，万幅如锦，红绿成章，光影焕烂，香气不断。随风四达，方三伏中忘其有暑，赤城景物之尤处也。”

这文采，碾压朱自清的《荷塘月色》。

486

南宋绍兴年间，名士曾惇到台州当知州。曾惇是名门之后，任台州一把手期间，常常竹里行厨、花下提壶。他最爱做的一件事，便是荷花开时，遍邀城中名流，宴饮于湖中亭，咏诗听曲，不醉不归。

离任时，他最惦记的是东湖的荷花。他觉得自己跟荷花是心意相通的，东湖的荷花也舍不得他的离去，他在离别诗中写道：“谁解挽留狂太守，风荷十顷翠相扶。”真是自恋得可以。

曾惇著有《曾使君新词》，付梓后，为台州最早的图书刻本。

487

吕颐浩倾全力辅佐宋高宗赵构重建南宋，曾二度拜相二度罢相。

他第二次被罢相后，把家搬到临海，在临海东郊筑退老堂以居。

他在退老堂前种下很多荷花，平素组个文艺局，与老同事们赏赏荷，喝喝茶，写写诗，日子相当惬意。

他死后，归葬于临海永丰白毛，墓前一片稻田，后人植下荷花数株。

488

宋代吕颐浩有退老堂，明代王士性有白鸥庄，有亭台楼阁，花木扶疏。

王士性在庄园里种了很多荷花，他在私家庄园里汲水煮茗，焚香扫碧，赏花作画，把日子过成诗。

白鸥庄遗址在今临海外国语学校内。

489

临海人是桂花的“真爱粉”，路名就有丹桂巷、双桂巷、桂花巷。临海人叫桂花、桂秋的也不少。临海人秋天要腌糖桂花，泡桂花茶，喝桂花酒，烧桂花芋艿、桂花年糕、桂花汤圆……

有个度娘（方言，姑娘）很爱桂花，秋天时买来一大箩筐桂花，晒干后做了一对桂花枕。因为桂花枕头太香了，招来一床的小虫子。

哈哈！

490

临海人一年四季为花忙。

春天忙着看兰花、玉兰花、海棠花、樱花、油菜花、桃花、蔷薇花，冬天要看梅花。北固山的梅园、九畹兰庄的梅苑、灵湖和长城脚的梅林，花开时，人头比花朵还要多。

北固山的梅园在半山腰，这里曾经是台州官署的后花园。

千年过去了，临海人还是那么风雅。

491

北宋文化界名流杨蟠甚爱梅花。杨蟠是章安人，他与苏东坡关系极好，经常诗酒唱和。杨蟠曾为梅花赋诗十首，苏东坡点赞后，一口气写了二十首回应。

欧阳修把杨蟠的诗捧到天上，说：“卧读杨蟠一千首，乞渠秋月与春风。”

492

苏堤有杨蟠的一份功劳。苏轼担任杭州一把手时，六七十岁的杨蟠因苏轼力邀，去当了二把手（通判）。两人是班子主要成员，也是文坛知己。西湖因多年失修，淤泥堆积，蓄水量大减。当时正逢荒年，苏轼、杨蟠招募饥民疏浚西湖，以工代赈，以挖出来的淤泥构筑长堤，这就是著名的苏堤。

后来杨蟠高升到别处当官。晚年，他辞去官职，寓居西湖边，夏日赏荷，冬日赏梅，月上西湖时，月下泛舟，边上两位婢女吹笛，简直就是湖上神仙。

杨蟠享年 80 岁，比豁达洒脱的苏东坡还多活了十多年。

493

因为爱梅花，林和靖以梅为妻以鹤为子，扬州八怪之一的汪士慎晚年一目失明，自刻一印："尚留一目看梅花。"临海的傅啸生把自己住的地方称为"梅花老屋"。

傅啸生是清代浙东有影响力的画家，诗书画无所不精，他平生最自豪的，并不是画作卖出多少钱，而是"故园也有梅千树"。

494

吴越国钱氏一族都爱种牡丹，过去吴越之地的牡丹园多得像菜畦一般，连龙兴寺都开满盛放的牡丹。

不过那是一千多年前的临海旧事了。

495

有一朵花，因为一个临海人而改了名。

瑞香，又名紫风流、麝囊花，冬日开花，花香浓烈，它的奇香被视为祥瑞。瑞香的另一个别名锦薰笼，缘于南宋临海才子陈克的一首诗："宣和殿里春风早，红锦薰笼二月时。流落人间真善事，九秋霜露却相宜。"

陈克全诗写瑞香，但没有直接出现"香"字，后世以诗中的"薰笼"来比喻花香馥郁，以锦薰笼代替瑞香的花名。

狻猊青铜熏炉

496

陈克不是只有风雅，他还有风骨。金兵南下时，陈克为收复故土，投笔从戎，随兵部尚书吕祉北上抗金。被俘后，他坚决不肯屈膝投降，被架在火上活活烧死。当火焰吞没他的身体时，他仍“骂不绝口，声如雷震”。

他是历史上唯一被架在火上烧死的著名诗人，史书上称他为“国士”。

临海文人的骨头是很硬的。

497

临海硬骨头不少。历史上有“扬州十日”，清兵破城后，屠城十日，血流成河。当时有一个守城的将士叫杨时熙，临海人，明末时任两淮盐运使，受著名将领史可法的器重。

清兵十万围扬州，城破时，史可法以身殉国，杨时熙自缢于城楼之上，其子杨廷栋，因省亲至扬州，与父同赴国难。

巾子山上有杨节愍公祠，为纪念杨时熙而建。

498

祠是为纪念伟人名士和祖先而修建的供舍（相当于纪念堂），东湖有一座祠，却是用来纪念一个卖苦力的樵夫。

明朝时，燕王朱棣用武力篡夺了侄儿建文帝的皇位，史称“靖难之变”。在这次事变后，方孝孺十族被灭。

东湖有位樵夫，是草野莽夫，寂寂无闻。听闻燕王朱棣以卑劣手段登上皇位，建文帝下落不明，痛哭不已，跳东湖而死。临海人感其忠义，在东湖后湖立樵夫祠纪念他。

南京也有纪念他的祠。

499

李白有首诗：“长安一片月，万户捣衣声。”如果你正月十四恰好在临海，会发现，“临海一片月，万户搅羹声”。

在元宵节吃什么这一点上，临海人继承了当年秦始皇的魄力，全民不吃汤圆吃糟羹，比度量衡都要统一。

500

节与食都有特指，是临海人心照不宣的接头暗号。

“吃羹”特指吃糟羹，“正月十四”特指元宵节，“八月十六”特指中秋节。

临海人单说“吃羹”二字，不用猜吃的是桃浆羹百合羹，还是银耳羹莲子羹，一定是糟羹。糖霜饼（月饼）是八月十六吃的，从前吃的糖霜饼，饼皮上下各压一张纸，纸上盖有兵符一样的朱红章。

临海人是特立独行的，过元宵，提前一天，过中秋，推迟一天。他们就是那么“拽”，从不随大流。

501

临海人有化腐朽为神奇的本领。别的地方把稻草当饲料或肥料，临海人把稻草当调料。

稻草烧灰，漉汁成碱水，以碱水浸泡稻米，再将稻米磨浆，制成美味的糕点。没评个世界“非遗”，都对不住这把稻草灰。

502

吃吃喝喝，不能忘了家畜，临海人讲究众生平等。农历四月初八，要给牛过生日，喂牛吃乌饭麻糍，喝鸡子酒。牛吃，人也吃。

人吃温过的黄酒，牛喝冷黄酒。不是人比牛待遇高，而是牛喝了热酒，要发酒疯。

503

吃吃喝喝，更不能忘了老祖宗。七月半是中元节，要祭祖，要拜老太公，要吃灰青糕。浸泡过碱水的稻米，磨浆后，蒸成米糕，蒸熟一层再浇一层，直至八九层。熟后，糕色灰青，故名灰青糕。以竹片当刀，划块而吃，软糯可口。

灰青糕平时在街头很难见到。只要街上有人挑着灰青糕叫卖，临海人就被点醒了——七月半快到了，要给祖宗送吃的穿的了。

504

临海最有名的广场是崇和门广场。临海人调侃说，崇和门广场就是我们的纽约时代广场。崇和门有排舞角，有越剧角，是野生的艺术大舞台。

临海的老太瘪（方言，大妈）全身上下都是“艺术细菌”，你来一曲《红楼梦》里的《葬花》，我来一曲《梁祝》里的《十八相送》。咿咿呀呀，哼哼唧唧，回去腰不酸了腿不疼了，吃吗吗香。

505

临海人喜欢看戏，把演出叫做戏，把演员叫做戏人。《临海县志》记载，1952 年，光临海就有 188 个农村剧团，从业人员 5000 余人，创作剧本 392 本。

只要知道了村头做戏，就算腿脚不便的老人，走起路也是健步如飞。

村子里每有大事，如老佛爷寿日、修族谱、造祠堂、有钱人祝寿，都要请剧团来村里唱几出，村子有没有实力，就看请的是什么规格的剧团。

做戏人

506

不要以为只有广西民歌传得远，临海民歌同样名扬四方，一首牧童放牛时唱的《杜鹃鸟》，唱到省城，唱到京城，唱进中南海怀仁堂，还唱到意大利佛罗伦萨的威尔第歌剧院。

507

临海人可以把长城用到极致。长城不只是用来攀登的，它还是各种秀的大舞台。

舞龙时，大田板龙从长城上逶迤而下，如天降巨龙，腾挪欢跃间，又似江海波翻浪涌。时装走秀时，古朴和时尚交锋，传统与现代碰撞。

有种奇妙的时空交错感。

508

古老的临海有一条龙，它的名字叫大田板龙。

大田板龙是组合龙，可长可短。如果人手不够，一个人掇条板凳就可舞；场地足够，数百人连接成千米巨龙也没问题。龙分老中青，段位各不同，白须的称老龙，是群龙之首，黑须的称小龙，红须的称蛟龙，有时龙角上还挂着祈福用的彩色纸蚕花。

临海人龙得猛！

临海人龙得猛

509

黄沙狮子跟沙子没什么关系,因为传承于临海西北山区白水洋镇的黄沙洋而得名。

临海人很雅,黄沙狮子很野。黄沙狮子一身功夫,能在地上翻滚嬉戏,也能爬上八九张桌子垒起的高台腾挪跳跃,还能表演叠罗汉、接人长、过堂、跨桌、桌上倒立、仰仆翻、串跳、人上竖颈行、走桌脚等高难度动作,上演真正的“狮王争霸”。

这种始创于北宋的地方传统狮舞,已成为国家级非物质文化遗产。

510

看到一个临海大爷说话翘兰花指,不要觉得他是个“娘炮”,他也许是个资深越剧迷。

越剧在戏迷的心中,有无法超越的江湖地位。什么京剧、昆曲,都不如越剧。从前有个男同事,喜欢越剧,上班时不时哼几句,编稿子时还会翘个兰花指。有一次我搭他的车出门,他一路开车一路放越剧,还跟着摇头晃脑、哼哼唧唧,把我直接整晕车了。

511

大石车灯戏很好看,它的主角向来只有一个,就是关羽,当“刀挑锦袍,辞丞相,封金挂印离曹营;思兄心切,护二嫂,万里征途遥遥”的唱词响起,深藏在临海人心头的豪迈之气便会奔涌而出。

车灯戏

512

上海静安寺的鼓楼里，有一面直径 3.38 米的大鼓，是世界上直径最大的鼓，这面大鼓是临海的制鼓艺人做的。

蒙鼓用的牛皮，是整张的。光这张牛皮，就花了几十万。很好奇，是在哪里找到的这么大一头牛？

513

不要以为临海人只会咿咿呀呀、哼哼唧唧，临海人的拳头实骨铁硬，只是不显山露水。

临海有缩山拳，据说是元末农民起义领袖方国珍所创，距今已有 600 多年，是浙江最古老的地方拳种。

514

临海除了缩山拳，还有黑虎拳，听上去很煞门（方言，厉害），招式有老虎出洞、老虎坐凳、鹰撒翅等。

明代临海是倭乱的重灾区，百姓为了自保，经常习武，青少年也喜欢舞枪弄棒，早年小佬人（方言，小孩子）都要练拳。

现在临海人也练拳，是为了健身，而不是为了防身。

临海有各种拳

515

临海人有勇有谋,有胆有识,是走在改革开放最前沿的人。

1978 年 12 月,安徽小岗村 18 户农民按手印分田,此举揭开了中国改革的序幕,打响了农村改革的第一枪。

实际上,比小岗村早好几年,临海白水洋镇皂树村的村民就不声不响地分田包干了。著名报告文学作家何建明还为此专门写了一本书,叫《台州农民革命风暴》。

516

知道吗? 新中国成立后的第一家股份制企业是在临海诞生的,叫双港金属薄膜厂。

双港是临海白水洋的地盘。

517

改革开放初期,物资十分短缺,临海急需某种型号的钢材,用于工业生产,可哪儿都买不到。临海人跑到鞍山钢铁厂考察,看到有这种钢材,喜出望外。那时钢材是紧俏品,想买的人排长队,人家压根儿不理临海人。

这事难不倒机灵的临海人,知道鞍山缺海鲜,紧急调运 140 吨小黄鱼运往鞍钢,以物易物,换回了这批紧俏的钢材。

518

台州第一家外资酒楼,叫荣华酒楼,就在东湖边上,是当年全台州最高档的酒楼,所有的设备都是从香港运过来的,大厨也全是从广东特招的。连个蛋炒饭,用的也是从广东运来的鲜米。

因为够档次,那时上级视察、外商考察,全放在气派的荣华酒店接待。年轻人结婚能在荣华酒楼摆上几桌,是实力和面子的象征,不亚于现在在钓鱼台国宾馆办婚宴。

519

台州第一家外资宾馆,叫华侨宾馆,是一位荷兰侨胞出资 48 万美元建的,是台州首家三星级酒店。

华侨宾馆刚开业时,洋兮兮的,主打的是荷兰菜。因为水土不服,生意不好,于是调整策略。“土得掉渣”的本土小吃锅盔、姜汁、麦饼,成了镇店三宝。

520

临海的第一家外资企业,是港商詹耀良办的手套厂。我买的第一副真皮手套,就是他家的,当年斥巨资五元买下,用了三十多年,款式一点没落伍，皮色还是一样新。每年冬天我还要找出来戴几个月。

每次戴上手套，我都在想，当年领导是怎样把这位港商“忽悠”回老家投资的？

有几次吃饭，与詹耀良同席，很想当面问一问。想想似有不敬之嫌，遂作罢。

521

伟星集团从一粒纽扣起步，现在，纽扣产量全球第一，拉链产量全球第二。年产纽扣 140 亿粒，拉链 8.5 亿米。

算一算，这么长的拉链能绕地球多少圈？

猜一猜，你身上穿的衣服上，有几颗纽扣是伟星产的？

不止纽扣，还有管道。鸟巢、水立方、大兴机场、港珠澳大桥、上海世博园中国国家馆……用的都是伟星管道。

522

临海跑得快，全国首辆民营企业制造的轿车和跑车，就是从临海跑出来的。临海是重要的民营汽车产地。

众所周不知，临海是吉利汽车的诞生地。临海有吉利的汽车职业技术学院、汽车研究院、汽车生产基地，还有吉利广场、豪情宾馆（豪情是吉利的第一款车）、吉利花园、吉利大道。

吉利美人豹

523

吉利一开始并不是造汽车的，而是造摩托车的，那时托关系买上一辆红色的吉利摩托车，车后坐着女朋友，在临海街头御风而行，能得到超高的回头率。

524

台州与温州、丽水，古代都属同一区域，称瓯地。瓯的意思是瓦盆器，难怪这三地的陶瓷都很出名。

以许墅窑、梅浦窑为代表的台州窑系，被誉为北宋中期浙江瓷业的中心。早在北宋时，临海的青瓷就漂洋过海，成为欧洲达官贵人家中的珍贵摆设。

525

传说中的秘色瓷，在陕西法门寺意外出土，一经露面，举世震惊。其碗中明明空空如也，却仿佛盛着一泓清水。这就是秘色瓷的神秘之处。

陶瓷界泰斗耿宝昌说，临海极有可能是陕西法门寺出土的秘色瓷的故乡之一。中国古陶瓷学会会长孙新民则说，以梅浦窑为代表的窑口烧制的临海青瓷，可与慈溪上林湖出土的秘色瓷相媲美。

听了两位大咖的话，应是没人再说“许墅窑梅浦窑挖出的陶瓷碎片，除了用来刨芋头，没啥用”的傻话了。

梅浦窑残件

526

你在国外游山玩水时，看到的户外遮阳伞、沙滩上的沙滩椅、野营用的帐篷，很有可能来自临海。

临海拥有1000多家户外休闲用品及配套生产企业，是国内户外休闲用品产业集群规模最大、外向度最高、产业链最宽、品种类别最齐全的生产基地和出口加工中心。

527

疫情三年，临海的药企华海产的莫诺拉韦、奥翔产的阿兹夫定，为抗疫做出了大贡献。

临海是中国绿色药都，是中国唯一的国家级化学原料药出口基地，也是中国最大的抗生素、抗肿瘤药生产基地，还是世界上最大的医药中间体生产区之一。

528

广西朋友来临海，我请他吃海鲜，先上来的是梭子蟹，他大喜，说："公的。"梭子蟹吃完后，上来一盘炒螺蛳，他一吸，说公的，又吸，还是说公的。

我心想这家伙怎么这么厉害，还能把临海螺蛳分出公母来，后来才知道，他说的是"空的"。

529

我朋友早年接待新疆客户,请他们吃各种小海鲜。上来一盘炒蛏子,新疆朋友很认真地把“肚肠”全扯干净,把蛏壳咬得咔咔响。第二年,客户又来,又想吃蛏子,但想不起蛏子的名字,就说,来一盘“小眼镜盒”。

530

有个北方客户来临海考察,东看西看,啥都新奇。晚餐时,给他上了一盘板油馒头,他只知北方的馒头都是无馅的,不知临海的板油馒头大有乾坤,里面的板油馅既甜又油,并且滚烫。

饿坏了的他拿起一个,“啊呜”一口咬下去,板油“吱”的喷到他的大饼脸上,烫得他哇哇叫。

531

有个杭州作家跟我讲过一个段子:一位北方朋友来杭州,杭州人告诉他,到杭州必须吃一碗片儿川,他一听就乐了:“啥?屁儿穿!那必须得点一份,尝尝到底有多辣。”

北方朋友到临海,让我推荐临海的特色小吃,我说得尝一下临海的三鲜麦虾,他一听乐了:“啥?三鲜马猴?啥玩意儿?”

532

《舌尖上的中国》的总导演陈晓卿动不动就跑到临海来，他在大街小巷逛吃逛吃，到了一家麦饼店，一口气吃了四五个麦饼，发朋友圈昭告天下，说自己在临海被搞大了肚子。

光一个麦饼，临海就有几十种，有猪肉麦饼、洋芋麦饼、鸡子麦饼、桂花糖麦饼、萝卜丝麦饼等，还有冷饭麦饼——隔夜的剩饭拌些雪菜、虾皮和葱花，摊成饼，就是美味的冷饭麦饼。

有一个麦饼师傅，因为麦饼做得好，江湖人称“麦饼西施”。

533

临海有文化，小吃也有文化，200 多种小吃中，入选各级非遗保护名录的就有好几十种。

“吃货”们感叹，搞不清楚到临海是吃小吃，还是吃文化。

534

临海有青饼、蛋饼、麦饼、海苔饼、火烧饼、菜干饼、萝卜丝饼，还有冬饼。

冬饼不能吃，长在手上，是冬天生的冻疮。

535

临海的麻糍很有名，有鸡蛋麻糍、红糖炒麻糍、乌饭麻糍、烤麻糍、煨麻糍……

麻糍谐音“无事”，常在重要场合露面，乡间嫁娶、上梁、搬新房，都少不了麻糍挑大梁。

日本麻糍的发音跟临海话中的麻糍一个样。难不成日本的麻糍跟临海有什么渊源？有考证癖的临海人可以考证一番。

536

老西安人有四样：喝西凤、吃泡馍、唱秦腔、擂腰鼓。

老临海人也有四样：喝老酒、吃麦虾、唱词调、看舞狮。

537

白水洋的豆腐和杨梅、涌泉的橘子、大石的垂面和葡萄、张家渡的桃子、羊岩山的茶叶、桃渚的小海鲜、杜桥的麻糍、东矶的海龙、上盘的西蓝花……

走到哪，吃到哪。临海每个地方，都有好吃的。

538

有一点挺好的，临海人从来不把美食跟皇帝佬儿扯到一起。

不要跟我说皇帝没到过临海，宋高宗就到过临海。还有一个宋理宗，是如假包换的临海女婿。

539

临海人讲究，什么时节吃什么，都有个讲头。吃饭要干湿分离。饭是饭，菜是菜，不能捣糨糊。

临海人对美食的态度是：可以大口吃饭，但不要剩菜。老天爷赏饭的地方，要吃饱，还要惜福。

540

一个四川人跟一个临海人在动车上聊得很投机。

四川人说，来成都请你到锦里啃兔儿脑壳嘛！

临海人说，来临海请你到紫阳街吃火烧饼哎！

541

新荣记摘下全亚洲最多的米其林星，在中国美食中一骑绝尘，它把司空见惯的台州家烧变成摘星的独门神器，从临海地下室的两间排档起步，开到北京、上海、香港、东京等地，成为中国最具影响力的餐厅之一。

现在，凡是好一点的餐馆，江湖上都会冠以“大排档中的新荣记”“快餐中的新荣记”等名头。

542

网上有年轻人穷吃新荣记攻略：点沙蒜豆面、黄金脆带鱼、炸乳鸽和蜜汁红薯，蹭一盘水果，就是一顿格调很高的米其林大餐。

每个月有 15 万名“吃货”，从祖国的四面八方赶过来，为了一个共同的目标：到临海新荣记旗下各大门店大吃特吃。

543

接个网友的梗：如果各个城市都需要签证才能去，那拿“京签”得喝豆汁，拿“粤签”得穿人字拖，拿“临签”得喝姜汁。

在别的地方，姜跟葱蒜一样，是调料，在临海，姜是食材。

古人说姜发汗解表、温胃解毒。临海人爱吃姜，姜做的美食就有几十种。临海人无姜不欢。

544

多年前，央视记者王志采访日本乒乓球国手福原爱，问她最爱吃的中国美食是什么，福原爱答曰：“雪绵豆沙。”王志一脸蒙：“雪什么？”

雪绵豆沙、蛋白夹沙是东北的叫法，临海叫蛋清羊尾，常州叫网油卷，德清叫洗沙羊尾。

这道小吃哪里的最出名？临海。临海的蛋清羊尾被列入《中国菜谱》。

关于蛋清羊尾的来历，有人说起源于满族，有人说起源于临海。

这是一桩历史悬案,没人扯得清。不过,这道小吃的背后,隐藏着王朝更替的历史大背景,却是不争的事实。

545

没吃过蛎灰蛋和十四日,不算“临海通”。

在蛎灰中焐熟的鸭蛋,就叫蛎灰蛋,清凉下火。蛎灰是古时候的石灰,由各类螺贝壳煅烧而成。十四日是孵了十四天小鸡未出壳的鸡蛋。临海人认为鸡蛋孵化的第十四天,是由蛋转变成为胚胎的关键时刻,这时的蛋营养最好,味道最鲜,最是补人。

至于为什么是十四日,而不是十三日或十五日,这是临海人的玄学。就算屠呦呦来,也不一定能研究得透彻。

546

临海人平素喝茶,不只喝茶叶茶,还有荔枝茶桂圆茶鸡子茶。

桂圆热补而荔枝凉补,至于鸡子茶,也补人,常用来招待新姊丈(方言,新女婿),因为鸡子谐音“继子”。

临海人得有多虚啊,食补不够,还要茶补?

547

江南水果的C位是橘子,橘子的C位是涌泉蜜橘,涌泉蜜橘的C位是岩鱼头蜜橘。

杨梅很红，但时间太短，只有秋天的橘子，可以一口气吃上几个月。

秋天时，千年台州府，满街“黄脸婆”——因为吃了太多橘子，以致手脸发黄。

548

全中国身价最高的橘子是岩鱼头蜜橘，号称“临海一奇，吃橘带皮”。24 个一盒的 4 斤装，前几年就卖到了 358 元，照样有人抢着要，没点路子还买不到。

我朋友，住在岩鱼头橘场附近，别人羡慕她岩鱼头的橘子想吃就吃。她淡淡地说，小时候橘子当零食，吃太多，吃厌了，没了念想。

真是身在福中不知福。

549

告诉你一点关于橘子的冷知识。

上农家橘园采摘橘子，比直接购买来得贵。因为主人要搭上时间，陪你采摘。

在橘乡，橘农考量自家孩子孝不孝顺，只有一个 KPI，就是看自家的娃通过微信、抖音，帮家里卖出了多少斤橘子。

550

有个帅哥发朋友圈：我，90 后，靠卖涌泉蜜橘发家，开迈巴赫，存款八位数，住灵湖公馆，天天吃新荣记。没有显摆的意思，我只是想告诉大家,只要你脸皮厚,什么字都能打出来!

帅哥的牛皮吹得有点大,但我的一个朋友,真的靠卖橘子腰缠万贯。她一季赚一年的钱,一季能赚到七位数,忙起来连饭都顾不上吃,睡觉上三楼都觉得麻烦,直接在一楼搭个帐篷睡。

551

南宋时,橘子很金贵。秋天时,宋理宗和皇后谢道清收到橘子,先把青橘供于太庙,然后召集后宫嫔妃分橘,每人一只,放入袖中,无论妃子得宠与否,都是一样对待,不多一只,也不少一只,一碗水端平。

这个办法好,能避免因为分橘不公引发暗戳戳的宫斗。

552

临海水果不是现在才出名的,早在南朝时,临海的鸡橘子、杨梅、王坛子、猴总子、余甘子等水果就名声在外。

鸡橘子是一种如指大的橘子,王坛子是黄皮果,猴总子是老鸦柿,余甘子是一种能止咳的野果。

553

临海人很实诚,不过给美食起名不实诚。

临海美食的名字很有欺骗性。沙蒜不是蒜,岩蒜不是蒜,麦虾不是虾,羊脚蹄里没有羊脚,老虎脚爪里没有虎脚,蛋清羊尾里没有羊尾,梅花糕里没有梅花。

554

在大小景点、大小饭店,经常能听到"阿拉上海银"嗲声嗲气的声音。"阿拉上海银"经常组团来临海。

上海人算盘打得噼啪响,他们说,到临海,玩两天住两天,再吃两顿新荣记,把花掉的钱加起来,不过是在上海吃一顿新荣记的钱,"老格算咯"!

555

没有人说得清临海人是什么时候爱上咖啡的,只知道一条街上,常有土洋咖啡打擂台,洋的有摩卡咖啡、蓝山咖啡、猫屎咖啡、卡布奇诺咖啡,土洋结合的有草糊拿铁、黄酒拿铁、甜羹拿铁、酒酿拿铁、姜汁拿铁、桃胶拿铁、白水洋豆腐拿铁、梅花糕拿铁、橘子拿铁……

拿铁在临海就这样被拿捏得死死的。

556

临海人说,新荣记是临海餐饮的天花板,白塔桥则是地板砖和承重墙。

白塔桥饭店,临海的最后一家国有饭店,依旧拨着盘出包浆的算盘珠子记账，依旧用圆珠笔写菜单，依旧是木板铺的楼板，踩上去“咿哩哇啦”响，生意依旧是一如既往的好，菜依旧是那么好吃，依旧是大妈当服务员，把她们惹烦了，依旧会送你一个大白眼。

557

百年前，临海最高档的饭店叫聚丰园，老板靠卖八宝饭、蛋炒饭起家。1955 年公私合营，饭店以 11 万元的价格卖给政府，后来成了台州地区行政公署的机关食堂。

当年还有安乐天饭店，以活杀现烧而著称。甲鱼、黄鳝、鳗鱼、鲤鱼、河虾和鸡鸭，无一不活。客人现挑现杀现烧，主打的就是一个“鲜”字。店里最出名的菜是荸荠圆和麻袋鸭。

所以，临海菜的活杀现烧，并非像有些人说的，是从粤菜传过来的，大临海百年前就有了。

558

上海开世博会之前，上海“老法师”组成“美食侦探”别动队，专门到全国各地探寻民间小吃。“美食侦探”走访临海紫阳街时，偶遇麦油脂——用面皮裹上多种小菜，形同大号春卷，又像洋快餐里的墨西哥卷，咬一口，满嘴生香。

上海的食探吃了后，大为满意，把它带回上海，并给它给了个“艺名”，叫“济公卷饼”，带它亮相于世博会。

麦油脂是临海人的最爱,我女友移民日本,特意把做麦油脂的鏊盘带到东京,为的是在东京也能吃到正宗的临海麦油脂。

559

海苔饼在临海是“天赋异饼”。节假日,每天都有 10 万个海苔饼从台州府城文化旅游区出发,被带往全国各地。

一到节假日,紫阳街的人流量直逼丽江,每个店铺门前都排起长队,店主在节后贴出闭店告示:“老板太累了,休息两天。”

560

白塔桥火烧饼的回归,对于临海人来说是件大事。

事情大到什么程度呢?连一向严肃的党报都郑重其事地给予报道。这待遇,堪比西湖的荷花和六月黄上了《杭州日报》的头版。

561

临海人的俏皮话:“城门当狗洞,鼻头涕当带鱼冻,鼓楼下洞的风,三元元的豆腐乳红彤彤,烧饼里面嵌葱,越吃越蓬松。”

临海人爱吃嵌了葱的火烧饼,他们说:烧饼嵌小葱,香过偷婆娘。

这话说的,好像临海人很擅长偷婆娘似的。

火烧饼

562

临海人喜欢吃番薯粉做的各种小吃，如豆面碎，如番薯圆。在饥荒年代，番薯是救命粮，它在人类历史上的贡献不亚于五谷。

四百多年前的明代隆庆年间，任湖南永州知府的项思教回临海奔丧，他把友人所赠的番薯带回老家试种，是为临海种植番薯之始。

563

《临海水土异物志》不是只讲上古奇事，它还是临海方志的雏形，也是一部媲美于《山海经》的历史地理著作。

中国人最早吃海参的记录，就出现在这本书中。

关于台湾最早的记述，也出现在这本书中。

564

临海人的七情六欲中，最旺盛的是食欲。

嗜鲜的习惯，已经深深刻入临海人的双螺旋结构里。1500多年前，临海的捕鱼业就很发达，江河溪流中到处是渔网，绵延四百里。

所谓罾网，是一种用竹竿或木棍做支架的四方形捕鱼工具。一头支靠在岸边，一头沉入水中，靠牵拉系着的长绳升降收网来捕鱼。捕捞上来的，是鲜嗒嗒的小网海鲜。

1500年过去了，临海人最爱的还是小网海鲜。时代在变，临海人的口味永远不变。

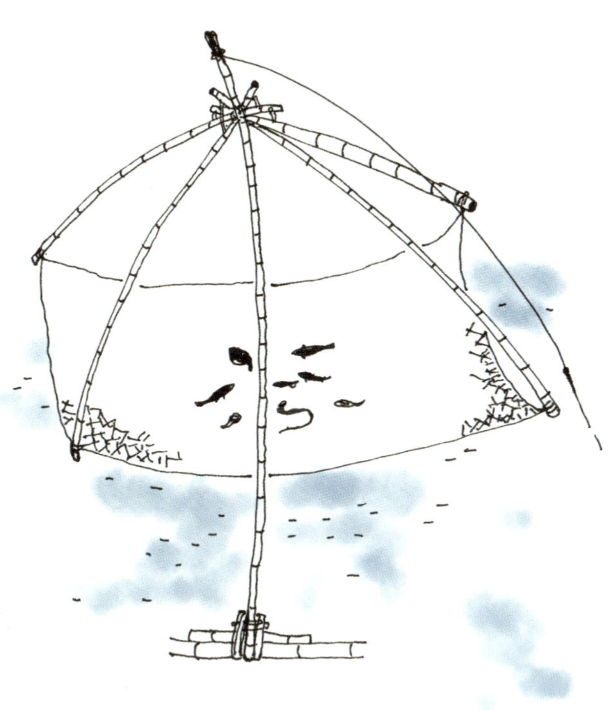

罾 网

565

眼睛里掉进异物是事故,《临海水土异物志》里的异物是故事,这本奇书是三国时吴国一个叫沈莹的人写的,沈莹是地市级领导,担任过丹阳太守。

书里有枫叶化成的枫叶鱼,有黄雀化成的黄雀鱼,有半夜咳嗽的老头鱼,有似人的人鱼、似鹿的鹿鱼、似虎的虎鳍,有会飞的鳐鱼和鲼鱼,有能报告潮汛的石鸡,有放火烧林的老猴,有边飞边产子的飞行鸟……

有一种神奇的牛鱼,身上有毛,吼声如牛,渔民抓到它后,剥下鱼皮悬挂,以测潮汛,毛起则潮至,毛伏则潮去。

千奇百怪的鱼

566

有种神奇的人面鱼，有口有鼻，长得像人脸。元朝时，礼部侍郎陈孚随吏部尚书梁曾出使安南（今越南），该国世子借口服丧不来迎接，并且不让他们从中门入城。陈孚据理力争，终从中门堂堂正正入城。

国宴上，世子又捣鬼，让侍者端上一条奇特的烤鱼。盘中之鱼，鱼身人面，口鼻耳目，与人无异。别的使者吓得不敢举筷，陈孚取出鱼目，吃得津津有味。安南君臣对他的胆识大为佩服。

回国后，元世祖认为这个临海人壮了国威，给自己长了脸，立马给他升了官。

567

古代东海多鲸鱼，那时候，渔民抓到鲸鱼，鱼肉炼油，鱼骨做成量米器、凳子，甚至做房梁。

台州府城曾经有东岳庙，庙里有一张鲸鱼骨做成的鱼骨凳，中间平整，两端向下弯曲似凳脚，未经任何磨削，浑然天成。寺中僧人说，这只是鲸鱼的尾骨，鱼的脊骨更大，藏在海滨某庙中。

这事记在清代的《冷庐杂识》中。抗战时，日军进犯临海，放火烧了东岳庙，鱼骨凳也毁于大火。

568

临海是中国杨梅之乡，是有记载以来最早的杨梅培植地，1700年前，临海大地上就有杨梅，“子如弹丸，赤色，五月中熟”。

杨梅中的巨无霸，是比乒乓球大的东魁杨梅，原产于黄岩，成名于仙居，大规模的种植始于临海白水洋。

白水洋杨梅很甜，比热恋还要甜，与仙居杨梅难分伯仲，堪称一时瑜亮，最嘴刁的人，也难以区分。

杨梅有小白虫，有人在吃之前又泡又洗，临海人说多此一举，小白虫乃是果蝇幼虫，是优质的蛋白质！

569

东南沿海一带，都产甲香，以临海的最为出名。唐朝时，临海的优质甲香作为贡品被送往长安。

甲香是流螺的口盖，即螺厣，单独燃烧时有臭味，经炮制后，与众香料同燃则有异香，是顶级的合香香料，故名甲香。甲香大小常如酒盅口，也有大如瓯口的，临海的甲香如指甲盖大小，品质最佳。

《香乘》是明代以前中国香文化之集大成者，书中约有35种配方使用到甲香。可见甲香在香界受欢迎的程度。

流螺的螺厣即甲香

570

苏东坡有几句非常有名的词:“竹杖芒鞋轻胜马,谁怕?一蓑烟雨任平生。”

词中的“芒鞋”,就是用络麻编织的草鞋。

王筠是南朝梁著名的文学家,少有才名,七岁就能写文章,十六岁写了篇华美的《芍药赋》,得众人称道。他曾任昭明太子萧统的属官。

昭明太子去世后,王筠出任临海太守。卸任后,带回两船芒鞋和其他物品。

571

南朝时,干姜成了贡品,当时出任临海太守的孔琇之十分清廉,返朝时只向齐武帝进献了一些章安的干姜。齐武帝嫌太少,嘀咕了几句。后来齐武帝得知孔琇之的清廉,还发了一通感慨。

孔琇之到底献了多少姜呢?《南齐书》记载的是“姜二十斤”,而《南史》记载的是“姜二千斤”。《南齐书》是南朝萧子显写的,《南史》是唐朝李延寿写的,从南朝到唐朝,二十斤变成了二千斤。咋回事?

原来是刻版工人眼花了,多刻了一撇。

572

当年唐玄宗为了博得杨贵妃欢心,让人把新摘荔枝连枝带叶放入新砍下的竹筒内，密封住筒口，锁住水分，再快马加鞭，日夜兼程，从岭南送入大唐皇宫。

南宋宫中的谢道清皇后，爱吃家乡的桐蕈，桐蕈是长在桐树上的菌菇。为了让桐蕈送到皇城临安而味道不变，地方官让人砍下桐树枝直接送到皇宫。

573

有段时间，临海大力发展养殖长毛兔。临海人养兔，是为了剪兔毛，而不是为了像衢州人一样吃兔头。

临海还有“毛兔县长”。有领导做报告，把“临海县长毛兔”读破句，读成“临海县长|毛兔”。

这是临海人心照不宣的笑话，跟“南京市长江大桥”的段子异曲同工。

574

临海全境解放不是在1949年，而是在1954年。一江山岛解放，宣告临海全境解放。

很少有人知道，解放一江山岛的指挥部就在临海的头门岛。

头门港是台州最有潜力的大港，是天然的深水良港，可利用的海岸线长度有28.8公里，可建万吨以上泊位84个。

575

头门港有白沙湾，攻打一江山岛前夕，解放军曾派出侦察兵从白沙湾出发渡海侦察。风大浪急，有两名侦察兵被海浪卷走。这些侦察兵在宁波猫儿岛海域秘密训练过一年多，但还是敌不过这里的风浪。

现在的白沙湾是浙江最大的人工沙滩海湾，有白沙海浪音乐节，一办就是三天。

临海人很“闷骚”，花看半开，酒饮半醺，话说半句。一个音乐节，一次性就炸出了满城“闷骚客”。

576

临海水多，渡口也多，尤以城南中津渡最为重要。中津渡北连吴会、南通瓯闽，是当时的南北交通枢纽。

鉴真和尚东渡曾在这里寻船，日僧最澄也从这里上岸，到龙兴寺学法。

千百年来，走过这个渡口的名人，数不胜数。

577

台州历史上的第一座跨江桥，是南宋淳熙年间建于中津渡的浮桥，叫中津浮桥，也称灵江浮桥。800 多年来，它一直是连接江南与江北的最重要通道。

20 世纪 60 年代，因为灵江一桥建成通车，这座浮桥被拉到上游朝天门，成为西门浮桥。

578

过去灵江常发大水，浮桥上的原木常被洪水冲走，冲啊冲，从灵江一路冲到椒江，甚至冲到东海。

这些冲到椒江与东海的浮木，政府不会由着它们任意漂流，无问西东，而是派人到下游一根根打捞上来，用船拖回临海，再一根根拼装回浮桥上。

579

灵江大桥建于 20 世纪 60 年代，是为备战而建的，那时正准备打台湾。为了战备需要，还修了很多防空洞。现在巾山下的防空洞，成了夏季纳凉的好去处。

修好后，一桥贯通南北，方便了温州、台州、杭州往来的车辆。之前南来北往的车辆，要过灵江，必须在大桥下游的渡口过渡，每次摆渡只能运两辆车，遇到江水泛滥就歇菜，待渡的车辆排成长龙。

当年郁达夫乘车过灵江，等摆渡船一等等了两三小时，够他东湖、巾山逛个遍了。

580

临海有很多岭，向北有猫狸岭、桐岩岭，向南有长石岭、青岭、黄土岭、义城岭，高速公路开通前，到省城需要翻山越岭，一路崇山峻岭，一路弯弯肠子。

货车司机恨死了这些岭，老解放货车有6吨拖挂，爬坡、转弯都很艰难，过岭如同过鬼门关。

581

猫狸岭有很多故事，也有很多事故。猫狸岭是临海最高最陡的公路山岭，是去杭州的必经之路，隔三岔五"肠梗阻"。

有一年大雪天，长途客车在猫狸岭堵了十几个小时，饿红眼的乘客冲进村民家里，把能吃的都买光了。

猫狸岭隧道开通后，险道成了通途。

582

高铁很快，快到你记不清邻座人的模样；长途汽车很慢，慢到你可以听一个人讲完他的一生。

从临海到杭州，路程有300多公里，从前翻山越岭往返一趟要两天，晕车晕到生无可恋，坐车坐到两脚浮肿。

现在坐上高铁，听完几首曲子，就到了。

583

临海自古就是东南沿海的重要门户、军事要地和海防要塞。明代世界顶级的人文地理学家王士性大哥就拍着胸脯说："（两浙）十一郡城池，惟吾台最据险，西南二面临大江，西北巉岩参削插天，虽鸟道亦无。"

王大哥的意思是，两浙十一郡，就数我老家台州最踞险，前有灵江环绕，后有大山屏障，西北巉岩高耸，就算鸟也插翅难飞，若论铜墙铁壁，还有哪座城市比得过俺临海？

难怪历史上的三次衣冠南渡，中原人士都把临海当成避难所。

584

天下事，就像九连环，一环套一环。因为孙恩攻打临海，才想到建城墙抵御。这是临海建城墙之始。

孙恩屡犯临海，太守辛景观看地形，觉得龙顾山（今临海北固山）地势险峻，易守难攻，就放弃章安到临海，在山上筑壕堑坚守，用石头和泥筑城墙，一修就是2000多米。这是1600多年前的旧事。

现在城墙上有顾景楼。"顾景楼"三字一语双关，一是站在城墙上看风景，二是怀念辛景。

筑城夯石(高 1.5 米)

585

临海这座城,经历过血与火的洗礼。有人统计过:自唐以降凡十三战,其中城陷者九次。城破之时,多是改朝换代之际。

唐乾宁四年(897),钱镠拿下台州。自此,台州成为钱镠的地盘。

元至正十四年(1354),方国珍攻台,城内渔人将熟习水性的士兵从水窦引入城中,里应外合,因而破城。

元至正二十七年(1367),朱元璋派大将朱亮祖攻下台州。

清顺治十四年(1657),郑成功率大军攻破台州城。现在离望江门不远的城头上,架有一门铁铸巨炮,据说是郑成功反清攻台时留下的,这门炮的名字就叫“大将军”。

586

谢灵运是江南旅游业的开拓者,他开辟出了江南第一条自助旅游线路。

谢灵运是晋朝的豪门子弟,财力与才气,都是超一流的。论钱,多得花不完;论诗,是山水诗派的开山鼻祖;论旅行,他不但自创了专用登山鞋品牌“谢公屐”,还亲自带着数百家仆,从绍兴始宁(今嵊州三界)出发,一路逢山开路,伐木为径,过关岭,越天台,沿始丰溪一直抵达临海。

他开辟的这条道路,后人称“谢公道”,即著名的台越驿道。在民国之前,官人赴任、书生赶考、商人经商,如果走陆路,都是穿过台越驿道到省城的。

587

谢灵运到临海时，差点被当成山贼抓起来。

时任临海太守王琇接到报告，说来了一队打家劫舍占山为王的山贼，打头的“山大王”美髯拂胸、风姿俊朗。王琇大为惊骇。

这位大胡子的“山大王”不是别人，正是谢灵运。谢灵运的大胡子，长到什么程度呢？《五杂俎》有记载，从下巴一直垂到地上。

十年后，谢灵运被杀，为了不埋没自己这把漂亮的大胡子，他把胡子捐给了庙里的菩萨。

588

明代著名学者朱右也有一把漂亮的大胡子。

“唐宋八大家”之称，最早就是这个临海人提出来的。朱右将唐代的韩愈、柳宗元和宋代的欧阳修、曾巩、王安石及“三苏”（苏洵、苏轼、苏辙），称为“唐宋八大家”，还将八大家的优秀作品编成文集。“唐宋八大家”之名在中国文学史上从此确立。

朱右在朝中担任翰林院编修，为皇子讲书。朱右体貌端雅，是个美男子，一把美髯，很有威仪，朱元璋见了他不直呼其名，而称“老朱”。朱元璋也是个“颜控”。

589

李白很羡慕三百年前的谢灵运，听闻谢灵运游临海的事，一激动，写下“严光桐庐溪，谢客临海峤”的诗句。诗中的严光就是严子陵，谢客不是闭门谢客，而是指谢灵运，他的小名是客儿。

在李白眼中，临海山水与富春秀色并列，都是甲天下的好山水。

590

第一个青史留名的临海人是任旭。《晋书》说他，“洁静其操”——人品好，道德高尚。别人削尖脑袋想当官，他却视官职如粪土。因此在晋代上流社会中有很高的声誉。

任旭是官二代，父亲在三国时做过南海太守。当时的临海郡太守邀任旭出山，担任组织部部长(功曹)。他上任不久，看不惯上司的贪婪放肆，辞官回家。后来晋惠帝和晋明帝相继召他到京城当官，他不高兴去，不是借口生病，就是借口侍孝。

591

《世说新语》中有个故事：王导情商很高，不管对谁，总能把对方哄得开心。他出任扬州刺史，几百名来道贺的宾客都得到盛情款待，大家都面露悦色。只有临海郡一位任姓客人和几位胡僧没能融入气氛。

王导瞅个机会，到任氏身边，笑着对他说："您出来后，临海就不再有人才了。"王导又到胡僧面前，以胡语的方言弹指问候，立马把胡僧哄得开开心心。

王导是东晋权贵，位居丞相，是王羲之的叔叔。

书中没说这任姓客人是不是任旭，当时的任氏，是临海的大族。

592

王导有个孙子叫王穆，字伯远，当过临海太守，他因东晋顶流书法家王珣的一封信而青史留名。

《三希堂法帖》中，有东晋的三件稀世墨宝，即王羲之的《快雪时晴帖》、王献之的《中秋帖》和王珣的《伯远帖》，是乾隆的心头大爱，因藏于养心殿三希堂，故名。

王珣是王羲之的族侄，他的《伯远帖》如行云流水，潇洒快意，《伯远帖》就是写给王穆的。

593

东晋许询曾隐居临海深山，经常与临海郡前太守郗愔切磋修道心得。

许询在文学上负有盛名，与孙绰并称为一时文宗。他出身世家，可就是讨厌当官，就算皇帝征召，也不肯出仕。他喜欢游山玩水，常与郗愔、孙绰、王羲之、谢安等社会名流一起游宴吟咏，永和九年的兰亭雅集中就有他的身影。

在魏晋时代，不想当官，喜欢游山玩水，喜欢胡说八道，能谈天说地讲空话大话，是一个人品格高洁的表现。不像现在，会被认为游手好闲、不务正业，被扣上“二流子”的帽子。

我挺喜欢那个时代的。

594

东晋时，临海郡山高路远，但中央政府派来当主要领导的，要么是文学大咖，要么是书法大腕，都是首都文艺界名流。

李式在东晋初年担任临海太守，有什么政绩，不知道，但他是东晋的顶流书法家。搁现在，可以到处题字，到处收润笔费。

李式与弟弟感情深厚，李式死后葬在临海，其弟就跟到临海，住在哥哥墓边。宰相王导听说了这件事，大为感动，想让弟弟出来当官。弟弟想也没想，一口回绝。

东晋时代的人都挺一根筋的。

595

王羲之的妻舅郗愔当过临海太守。郗愔出身于名门，写得一手好字，早年王羲之的字写得还不如郗愔。

郗愔醉心于辟谷养生，后来索性称病离职，在章安建了房子，打算在此终老，他在章安隐居修道十多年。郗愔任太守时，一到重阳节，就请当地名流齐聚临海郡北的湖山山顶，举办菊花诗会，喝喝菊花酒，写写菊花诗。

现在领导也会经常邀请些名流、作家来临海，虽叫采风，但领导自己并不动手。

596

郗愔的姐姐郗璿嫁给了王羲之。王羲之是中国历史上最有名的书法家，被称为“书圣”。王羲之的书法，得到过表姨母卫夫人的悉心传授，王羲之对她怀有深厚的感情，卫夫人去世后，他写下了闻名于世的《姨母帖》，追怀卫夫人。

王羲之辞官后，曾优游会稽、临海、永嘉、东阳四郡，写下《游四郡记》，可惜已佚。

郗愔称姐姐郗璿是“女中仙笔”，意思是女书法家中的神仙，可见其书法非同一般。书法家大都是长命的，郗璿活过了90岁，比老公王羲之多活了30多年。

597

王羲之有个同门同姓同龄还同宗的兄弟叫王述，也当过临海郡太守。王羲之少年成名，而王述年过三十还默默无闻，长得又丑，人皆以为他痴愚无才，王羲之也看不起他。

不过是金子总会发光的，王述得伯乐赏识，一路官运亨通，当到省部级高官，还成了王羲之的上司。他来视察，对王羲之的工作指手画脚，搞得王羲之很郁闷，一气之下辞了官。

史书上说，王述治理临海时，根本不需要什么白加黑、5+2玩命工作，轻轻松松就把临海治理得井井有条，以至终日闲着无事。

598

王羲之的《兰亭序》是传世之作，被历代书界奉为极品，被称为“天下第一行书”，唐太宗费尽心思得到后，视若珍宝，让书法家冯承素等人临摹了数本，赐给太子和亲信。因为太过喜欢，唐太宗死后还把《兰亭序》带进墓中，当陪葬品。

后世有无数人模仿王羲之的《兰亭序》，书法界公认冯承素临摹得最好。现在北京故宫博物院的《兰亭序》“神龙本”，就是冯承素所作。

冯承素是临海女婿。

599

魏晋时，临海名士云集。

魏晋政府派到临海郡当官的名流，做人做事都很潇洒。成公绥是魏晋时一流的辞赋家，文采风流，25岁就当了太常博士。成博士写了很多有名的赋，如《天地赋》《啸赋》《乌赋》，传诵一时。

《嘉定赤城志》里说，成博士当过章安令，他办公不在官府里，而是在章安赤栏桥的桥亭中。成博士一边凭栏望江，一边处理公务，一边写辞赋，他的《云赋》就是在桥上写的。

章安桥

600

东晋著名书法家羊固，官拜临海太守。当时东晋官场，有个不成文的规定，不管谁履新，都要请客一次。之前羊曼出任丹阳尹，大宴宾客，结果，宾客三三两两地来，早到的，吃到美味佳肴，迟来的，吃残汤剩饭。

轮到羊固了，自然也要请客。羊固周到，一天都有美味佳肴，早来晚来都有的吃，谁也不怠慢。《晋书》说完这事，点评道：羊固的宴席虽然丰盛，但其为人不如羊曼真诚！

羊固要是知道史书上是这个评价，估计会气得打个鼻头铳：哼，老子自掏腰包请你们吃好喝好，还不落好！做人难，做男人更难！

601

褚裒是东晋名士，字季野，后来成为晋康帝司马岳的岳父。他早年当过章安令，任职期满，升任太尉记室参军，即军委参谋。他坐客船沿水路北上，在钱塘江畔的官方招待所钱塘亭投宿。恰逢县长沈充送客过钱江，亭吏不认识褚裒，把褚裒一行赶到牛棚居住，腾出房子给沈县长。晚上，沈县长出来散步，看到牛棚有人，乘着酒兴打招呼："北方佬要不要吃饼？你姓啥？有空聊聊？"褚裒答道："我是河南褚季野。"

沈县长一听，这不是新任命的军事长官吗？惊出一身冷汗，酒也醒了，赶紧备上名帖拜见，并宰鸡杀羊备下好菜，还把那个亭吏胖揍了一顿。褚裒是当事人，却好像一切同自己无关，神色如常。

602

孙绰是台州最早的形象代言人。他是东晋的文坛领袖,他很是自恋,夸自己夸得贼狠。

他当章安令时,写完《游天台山赋》,得意地对人说,此文若掷在地上,有金石之声。成语“掷地有声”由此而来。

他这一赋值万金,天台山因此扬名。

自吹也是要实力的。

603

昭明太子是中国历史上最有文人气息的太子,他编纂《文选》时,将章安令孙绰的《游天台山赋》编入其中,自此天台山名扬海内外。

《文选》为我国现存最早的诗文总集,是古代科考的必读书目,有“《文选》烂,秀才半”之说。读了《文选》中孙绰的文章,天下读书人都想到天台山一游。天台山一跃蜚声主流文坛。

浙东唐诗之路的形成,孙绰无意间立下头功。

孙绰有点不够意思啊,当章安令,竟然不为巾子山、北固山写几笔。

604

南朝陈文帝临终把太子陈伯宗托孤给弟弟陈顼。

陈文帝去世后,12 岁的太子陈伯宗继位,成为陈朝的第三位皇帝。皇位还没坐稳,皇叔陈顼就发动兵变,废黜了陈伯宗,自己登基称帝。陈伯宗被降封为临海王,迁到山高水远的藩地临海居住。

一年后,少年废帝陈伯宗在幽禁中不明不白地死去。

他是历史上唯一一个死于临海的皇帝。

605

临海曾一度成为异国王子的封地。

唐时,新罗(在今朝鲜半岛)是大唐的藩属国。为了表示对大唐的尊重并获得大唐帮助,新罗派出王子金仁问到唐朝当质子。这位王子一生的大部分时间都待在大唐,是唐朝与新罗关系的调节器。

金王子气度温雅,多才多艺,很得唐高宗的赏识。唐高宗一高兴,就把临海郡赏给他当封地,还封他为临海郡公,金仁问的别名就是临海公。

不知道这位欧巴有没有巡视过自己的封地?

606

长安三万里,临海云和月。

现在来临海的很多人是"吃货",而唐代造访临海的,不是诗人,就是高人,不是道人,就是僧人。没两把刷子都不好意思来临海。

那时来临海的,除了骆宾王、郑虔、顾况等一干外放官员外,还有孟浩然、陆龟蒙、杜荀鹤、钱起、李德裕、贯休、张祜、李绅、周瑀、许浑、任翻等大唐文化界名流。

长安三万里，临海云和月

607

唐太宗的亲家当过台州主要领导。唐贞观年间,苏亶到临海当台州刺史。后来,他成为唐太宗的亲家,他的大女儿嫁给唐太宗的长子李承乾,他的一个儿子和一个孙子,都做过大唐宰相。咱台州,也算是朝中有人了。

当时的台州领临海、始丰(今天台)二县,地盘是大,但人口不过3.5万,苏亶说是刺史,就辖区人口而言,其实只相当于现在的一个乡长。

608

唐顺宗即位后,大刀阔斧地进行改革,史称永贞革新。没过多久,唐顺宗因中风失语,失去执政能力,大权旁落,改革派被扫地出门,其中柳宗元被贬去永州当司马,刘禹锡被贬去朗州当司马,陈谏被贬去临海当台州司马。

这几个倒霉鬼和他们的七个同事被统称为"二王八司马",怎么看都像是骂人。

司马这官职听着挺牛的,其实手中没有实权,也不需要干什么事,故司马又被称为"送老官",大致相当于现在退居二线的调研员。

609

孟诜是唐代的大学者,是孟子的第三十一世孙,因得罪武则天,被贬到台州当司马，为了早日回到伟大首都，他挖空心思拍朝廷马屁。

当时有个姓冯的渔民，从海中捞到三株“连理木”。孟诜一见，喜出望外，赶紧向朝廷上表，说台州出现祥瑞，“中有白石，扣之声甚清”。在传说中，白石是神仙吃的粮食。南方有祥瑞，说明皇上英明啊。没多久，他果然回到首都，且升了官。

其实，这连理木就是海里的白珊瑚。生活在黄河流域的古人真是少见多怪。

610

唐代罗虬是个有着双重性格的风流才子，一面狂放暴躁，一面又儒雅斯文，他在宴席上看中貌美如花的歌伎杜红儿，却因为吃醋杀死了红儿。事后，他痛悔万分，写下《比红儿诗》一百首，把红儿同一百位美人作比。《全唐诗》全部收录。

罗虬当过台州刺史。奇怪的是，这么一个放荡不羁的浪子，竟然能跑到临海当一州最高领导。唐代组织部（吏部）是怎么把关的？

罗虬也是个倒霉鬼，辛辛苦苦干了两年，不但没升职，还被台州草寇刘文所杀。

611

日本的花艺是从唐朝传入的，中国最早的花艺小品《花九锡》就是罗虬写的。

所谓九锡，是皇帝赏赐给诸侯、大臣中有殊勋者的九件礼器。“花九锡”就是罗虬赠给花卉的九件美好礼物——重顶帷、金错刀、甘泉、玉缸、雕文台座、画图、翻曲、美醑、新诗。

所谓“重顶帷”，就是双层顶的帷帐；“金错刀”是修剪花枝的错金剪刀；“甘泉”是用以养花的雨露；“玉缸”是用以贮水插花的精美花器；“雕文台座”用来放置花瓶花器；“画图”是对花状貌绘影；“翻曲”是对花制曲奏乐；“美醑”是对着花品酒；“新诗”则是对花吟诵诗文。

古人真是把日子过成了诗。

612

当过台州刺史的，还有李白的族侄李嘉祐。小李是著名诗人，有五言诗“水田飞白鹭，夏木啭黄鹂”。

王维也有一首诗，叫《积雨辋川庄作》，是描写隐居生活的名篇，也是他七言律诗的代表之作，里面有“漠漠水田飞白鹭，阴阴夏木啭黄鹂”句。

唐代文坛为此嘀嘀咕咕，说王维抄了李嘉祐的诗。

我看着也像是抄的。

613

唐代到临海当最高领导的，有皇亲国戚，有风流才子，还有装神弄鬼的方士。

唐宪宗李纯晚年好神仙，下诏求天下方士，令方士柳泌进京，为他炼制长生不老药。结果炼了一段时间，啥也没炼出来，柳泌怕不好交代,就在唐宪宗耳边吹风道:台州多灵草,我愿到那里任职,为皇上求得仙药。

皇上一听,心花怒放,就派柳泌到临海当台州一把手。谏官一听,不干了,纷纷上奏:“本朝可从来没有让方士出任刺史的先例呐!”

唐宪宗一听,大怒,把这些谏官臭骂一通,认为他们作为臣子,不但不关心陛下的龙体,还一天到晚瞎哔哔,纯粹是欠揍!

614

大唐首都有个名满京城的大才子叫郑虔,唐玄宗称他“诗书画三绝”,还特地为他设了一座叫广文馆的国家学府,授他广文馆博士。这个官职只此一任,老郑是首任也是末任。

安史之乱后,67 岁的老郑从国际大都市长安被踢到犄角旮旯台州,当了个管户口的小官——司户参军。

老郑开设学馆,广授门徒,成为台州文教的启蒙者。临海人记着他的好,为他立广文祠,还以他的名字命名了两条路——广文路和弱齐巷。

我有个朋友住在弱齐巷,他是老郑的铁杆粉丝,生了儿子后,就为儿子起名为广文,他说如果再生个女儿,就叫弱齐。

615

正史《新唐书》中,记载了郑虔“采叶练字”的故事。郑虔因家穷,买不起纸张,就贮存了好几屋柿叶,每天在柿叶上练字。他的草书写得比怀素还好,达到“如疾风送云,收霞推月”的境界。听上去,境界高得不得了。

郑虔被贬到临海后,不知有没有到北固山捡柿叶练过字?

616

元代大学者陶宗仪写书不是写在纸上,而是写在柿叶上,写好一张,就放入瓮中。坚持十多年,藏了数十坛,才结集成书。成语"积叶成书"因他而来。

陶宗仪的《说郛》是大型综合性笔记式丛书,内容包罗万象,被学者视为民间个人百科全书的鼻祖。

汲古阁明代手抄六十卷本《说郛》,藏在临海博物馆,是临海博物馆的镇馆之宝。

617

"初唐四杰"之一的骆宾王,被御史诬告弹劾下狱,出狱后被贬到临海当县丞,在临海待了近两年,人称骆临海。

没多久,他就撂担子了,在秋露初起的早晨,投奔徐敬业,起草了著名的《讨武曌檄》。《讨武曌檄》写得太出彩了,连被骂的武则天都忍不住叫好。

618

鹅在临海一些地方被称为呆大。骆宾王那首著名的《咏鹅》诗,"鹅,鹅,鹅,曲项向天歌",用临海话一读,成了:"呆大,呆大,呆大,僵着头颈向天呐燥喊。”

光看字面意思，还以为是在讽刺骆宾王呢！

其实临海人很敬重骆宾王，还在东湖为他修了骆临海祠。

619

到临海的，除了被贬的官员，还有被贬的皇亲。

皇亲萧昱因在家中私自造钱，被人告发，流放到临海郡，结果才到上虞，便被梁武帝下旨召回，说让神明菩萨来教导他如何做人。

后来萧昱果然洗心革面，重新做人，再也不造“假钞”了。

620

梁武帝萧衍的侄子萧正德也曾被下放到临海。

萧正德曾被梁武帝收为养子。梁武帝生下萧统，就是历史上著名的昭明太子。有了亲儿子，养子一边去。失宠的萧正德灰溜溜回归本宗。

萧正德坏事做绝，梁武帝将他下放到临海。萧正德刚到半路，好家伙，心软的梁武帝又派人追上去赦免了他。萧正德却不知悔改，后来作乱，把梁武帝围在皇城，活活饿死。

我都要怀疑任贤齐的《心太软》是不是唱给梁武帝听的了。

621

和尚要云游，干部要交流。

唐代台州的主要领导人中，还有少数民族官员，叫吐突知节，他是鲜卑族人。鲜卑族是继匈奴之后在蒙古高原崛起的古代游牧民族，吐突是鲜卑族的姓。

不知这位少数民族领导担任台州最高领导时，能不能听懂临海话？如果相互连说话都听不懂，怎样执行皇上的指示？

622

1200多年前临海的一场茶话会，留名青史。

唐代日本遣唐使僧人最澄来台州求法，在龙兴寺一住就是146天，并在此受戒。学成归国前，台州刺史陆淳为他举办茶话会，还写了一段情深义重的送别词："三月初吉，遐方景浓，酌新茗以饯行，对春风以送远。"——阳春三月，春和景明，你要归去，泡一杯新茶为你送行。春风十里，不如我们的情义深远。

陆淳送别最澄不久，就被召回长安，担任太子李纯的老师。李纯很快登基，成了唐宪宗。

日本僧人来临海求法

623

不要小看姓钱的，他们现在或许只是小摊贩、小职员，但他们的祖先牛气冲天，在临海一跺脚，地皮都要抖三抖。

从吴越王钱镠开始，钱氏就是台州的名门望族。吴越国国王钱镠之弟钱镒、钱镠之孙钱俶、钱俶养子钱惟治、钱俶之孙钱暄等，都当过台州的主要领导。

钱市长们当年在临海的一言一行、一举一动，直接影响到千年后临海的格局。

624

钱俶是吴越国开国国君钱镠的孙子，在临海短暂地当过刺史，一回杭州就成了吴越国国王。国王宝座他一坐就是 30 年。他在位期间，吴越国的疆域达到全盛，北起苏州，南抵福州。

公元 978 年，50 岁的钱俶从杭州启程，前往宋都开封，将吴越十三州一军八十六县（后来秀州获得建制，两浙十三州变成了十四州），悉数献给宋太宗。自此，两浙一带纳入大宋版图，史称“纳土归宋”。

为了向大宋表示诚意，也为了避免大宋的猜忌，钱俶下令拆除了吴越国境内的所有城墙，临海城墙大部分被拆。

625

西湖是“销金窟”，东湖是“山水窟”。销金窟是纸醉金迷、一掷千金的地方，而山水窟是水涝之地。

过去的东湖在城墙根下，是一片泽沼地，因诸山之水经年不断，汇集到此，故称山水窟。每逢秋潦，洪水暴至，城坏屋毁。为防洪水，钱暄浚湖治水，取泥筑堤，他拆除湖边的一段城墙，后退重新筑墙，把东湖拦在城外，既绝了水患，又把东湖变成园林。

钱暄是钱俶的孙子，北宋时的台州郡守。临海有钱暄路，为纪念他而名。

626

钱俶还有一个孙子叫钱勰，跟苏轼是铁哥们。苏轼爱美食，曾经兴致勃勃地写信给钱勰，教他烧鳜鱼，信的末尾便是“呵呵”。今人常用的网络用语“呵呵”，原来九百年前就用上了。

苏轼的菜谱是这样写的：“取笋、蕈（菌菇）、菘心（白菜心）与鳜相对。清水煮熟，用姜、芦服（萝卜）自然汁及酒三物等，入少盐，渐渐点洒之，过熟可食。不敢独味此，请依法作，与老嫂共之。呵呵。”

这个美食秘方可供临海的大小厨师参考，希望依此秘方，炮制出一条美味的东坡鳜鱼，不负临海“江南真宋城”之谓。

627

庆寿公主、惠国长公主、许国大长公主、韩国大长公主、周国大长公主、燕国大长公主、秦魏国大长公主、荆雍国大长公主、令德景行大长帝姬、秦鲁国大长公主……这么多公主,说的其实是同一个人,就是定居临海的宋仁宗的第十个女儿。

这位公主的驸马,正是钱暄的儿子钱景臻。

628

电视剧《清平乐》讲述了宋仁宗的一生,有仁宗的仁心治国,有朝堂背后的父女情深,有仁宗与隐忍内敛的曹皇后及骄横跋扈的温成皇后之间的复杂情感。

温成皇后张氏是仁宗一生中的最爱,宠冠后宫,可惜红颜薄命,30岁就去世了。她有个养女安定郡君周氏,被宋仁宗封为昭淑贵妃,秦鲁国大长公主就是周氏与仁宋的女儿。

大长公主是历史上最长寿的公主之一,活到86岁。她娘周氏更长寿,活到93岁。

629

秦鲁国大长公主大概是经历皇帝最多的公主吧,这位北宋公主经历仁宗、英宗、神宗、哲宗、徽宗、钦宗、高宗七朝,见证了北宋灭南宋兴，是个“不倒翁”。

靖康之难中，金兵把在京的宫中女眷全掳走，唯独漏了69岁的大长公主。公主一家从汴京逃往临安(杭州)，后带着祖上的免死金牌和陪嫁的大铜瓶等宝贝徙居临海，高宗赐她一座精美宅第，并亲笔写下“忠孝之家”四字，其地旧称百花桥。

630

秦鲁国大长公主也是中国历史上命最好的公主，福、禄、寿三全。公主与驸马钱景臻定居临海后，要风得风，要雨得雨，子孙后裔都身居高位。嫡子钱忱成为荣国公，庶子钱愐成为太尉，孙子钱端礼官至参知政事，曾孙钱笪成为郑国公，玄孙钱象祖当上左丞相、太子少傅、魏国公。子孙后代，几乎都是一二品京官，大权在握，享尽荣华。

难怪当老公主再次厚着脸皮为子孙向宋高宗要官时，宋高宗对公主感慨道，你爹宋仁宗把一生的福泽全给了你一人，你要知足啊。

631

与临海有关的公主还有几位。

晋代有位临海公主，她爹是历史上有名的白痴皇帝晋惠帝，“何不食肉糜”就出自他口。晋惠帝的第四个女儿是为清河公主。

后来西晋灭亡，公主在逃难途中被人劫持，卖给一户人家作婢，受尽凌辱。司马睿成为东晋的开国皇帝后，恢复公主身份，改封她为临海公主，还把折磨过她的一家人统统杀掉为她出气。

632

唐高祖的一个女儿也被封为临海公主。

李渊起兵反隋，建立大唐王朝，是为唐高祖。他的十九个女儿都被封为公主，其中第十六女被封为临海公主，下嫁汴州刺史裴律师为妻。

裴律师的爹裴寂是开国元勋，是大唐的第一位宰相。

633

唐高祖最小的儿子叫李元婴，就是《滕王阁序》中的滕王。李元婴一生保持闲散王爷的状态，该吃吃该玩玩，他修造的滕王阁，是中国四大名阁之一。

滕王的第六个儿子李循珍被封为临海公。

封建王朝的领地分封，大多数情况下，只和荣誉与俸禄挂钩，土地分给皇亲国戚后，主人拥有管理权、税收权等，享受各种待遇，但并不一定来封地生活与工作。

634

唐昭宗曾赐吴越国开国君主钱镠丹书铁券，即民间所说的“免死金牌”。本人犯罪，可免死 9 次；子孙犯罪，可免死 3 次。犯一般过错，官府不得问责。这块著名的免死金牌，先藏于杭州钱氏祖庙，后被秦鲁国大长公主带往临海。

元兵攻破临海，钱氏族人带上铁券匆匆南逃，铁券在逃难中丢失。没想到，半个世纪后，有个渔人在黄岩泽库（今温岭泽国）撒网打鱼，打捞上来一个铁疙瘩，铁券得以重见天日。

635

陆游的母亲与大长公主的长媳（即嫡子钱忱之妻）唐氏是亲姐妹，陆游管唐氏叫姨妈，管钱忱叫姨父。

陆游十二三岁时，曾随母亲从绍兴到台州府城走亲戚，受到姨妈和大长公主的热情款待，少年陆游第一次见到传说中的丹书铁券，样子像筒瓦，黑铁打造，上面一行行的金字楷书。他晚年回忆道："于台州得谒见大公主，铁券尝藏卧内，状如筒瓦……"

636

"免死金牌"到底有没有派上过用场呢？有的。

钱氏后人钱用勤在江西建昌任知府，因税粮短缺被查，抄家治罪，下了大牢。当时明太祖严惩贪腐官员，以至剥皮示众。钱用勤的儿子钱忚害怕父亲被处死，赶紧拿上家中祖传的铁券，日夜兼程，赶往南京，为父亲求情。朱元璋在奉天殿接见了他，看在他老祖宗钱镠的面子上，免了钱用勤的死罪，并归还家产。

这事离唐昭宗赐铁券给钱镠已经过去几百年了。钱用勤虽然免了死罪，但成了钱氏一族的反面教材，脸面尽失。

637

“免死金牌”能不能救命，就看皇帝高兴不高兴。明代陶凯博学多才，不愿出仕，朱元璋以亲族性命相逼，这位临海才子才不得已上任，后官至礼部尚书。

野史上说，朱元璋梦见陶凯临海的老宅飞龙环绕，这是帝王之相，老朱大为不安，找个借口，把他杀了。实际上，陶凯自号“耐久道人”，朱元璋将之视为影射自己杀戮功臣，找了个借口要了他的命。陶凯是历代被杀的台州籍官吏中，官位最高的一位。

陶凯为官时，朱元璋曾赐他丹书铁券，不过，没用。老朱发出去的几十枚丹书铁券，基本上都等同于催命符。得到“丹书铁券”的功臣，没几个得以善终。

638

南宋 152 年，共传七世九帝，分别是宋高宗赵构、宋孝宗赵昚、宋光宗赵惇、宋宁宗赵扩、宋理宗赵昀、宋度宗赵禥、宋恭帝赵㬎、宋端宗赵昰、宋末帝赵昺。这些皇帝无论是明君还是昏君，或多或少都与临海有关。

临海称自己是“江南真宋城”，是有底气的。

639

公元 1130 年，金兵一路追击，宋高宗赵构仓皇出逃，一直逃到临海。

46岁的李清照携带文物，追随高宗而来，只是高宗跑得比兔子还快，李清照没能追上。等她追到临海，高宗早就没影了，太守也逃之夭夭。

听说赵构到了章安，李清照赶紧雇船入海，没想到，高宗已经一溜烟去了温州。

640

李清照的表妹夫是秦桧。

李清照鄙视秦桧与表妹的为人，虽是亲戚，却从不来往。

赵明诚的表弟是綦崇礼。綦崇礼是翰林学士，很得高宗信任，专替皇帝起草诏书，是朝中"第一笔"。罢免秦桧相位的诏书措辞十分严厉，就是綦崇礼起草的，秦桧恨綦崇礼恨得牙痒痒。

秦桧被重新起用后，綦崇礼为避秦桧陷害，向皇上递交辞呈，避居临海。秦桧曾派心腹到临海，找綦崇礼索要那份罢免他相位的"御笔"。

綦崇礼就是南宋才子谢希孟的曾外公。

641

赵明诚因病去世，李清照被张汝舟骗婚，她发现老张头是无耻小人，告发了张，并要求离婚。婚是离了，但按照当时的法律，妻告夫有罪。李清照被判入狱。綦崇礼为搭救表嫂，向高宗求情，李清照关了九天就被释放。

李清照致信綦崇礼，这就是著名的《投翰林学士綦崇礼启》。信中她诉说了晚年遇人不淑以及无奈离异的经过，对危难之际伸出援手的綦崇礼，表示深深的感谢。

642

钱端礼是大长公主的孙子，曾任台州通判。南宋纸币“行在会子”是他任财政部副部长（户部侍郎）时，在宋高宗的支持下发行的，使得中国成为世界上最早命名并使用法定纸币的国家。钱端礼由此被称为“南宋纸币之父”。

南宋纸币是用楮纸印刷的，楮纸是用楮树皮打碎后的树浆做成的，故宋人常将纸币称作楮币。这种树浆还能治脚气。

643

钱端礼的女儿嫁给宋孝宗嫡长子，钱端礼成为皇帝的亲家。他很想当宰相，宋孝宗也为亲家说话，不过因为朝中大臣反对，没有当成，他很郁闷。

如果换成明代或清代，反对的大臣，可能被脱了裤子在朝堂上打得屁股皮开肉绽，更严重点，还会被押解去菜市口等脑袋落地。

钱端礼死后，跟他的驸马爷爷钱景臻、奶奶大长公主、爸爸钱忱一起，埋骨在台州的青山绿水间。

644

没有钱端礼，临海出不了皇后。钱端礼在朝中很有话语权，他大力举荐老乡谢深甫，谢深甫成为宋宁宗的右丞相。

谢深甫是晋太傅谢安第二十五世孙，因祖上在台州做官，世居临海。他读书非常刻苦，怕自己睡着，到了夜里，将一陶瓶水放在脚背上，以警困怠。

金国使臣入朝，不遵礼仪，谢深甫据理力争，迫使金国大使按南宋礼节行事。宋宁宗很是器重他。

谢深甫去世23年后，他的孙女谢道清成为理宗皇后。

645

谢道清姿色平平，不擅长宫斗，更没什么政治手腕，为什么能成为皇后呢？这跟祖上为她积了德有关。

宋宁宗的皇后韩氏死后，贵妃杨桂枝与曹美人暗中较劲，争夺皇后之位。朝中分两派。谢深甫站对了队，他力挺杨氏，理由是杨氏虽为歌女出身，但知古今、性机警。宁宗最终立杨氏为皇后。

宋宁宗驾崩后，皇位传给宋宁宗的远房堂侄赵昀，他就是南宋的第五位皇帝宋理宗，杨皇后成为太后。宋理宗看中了贾涉貌美如花的女儿(即贾似道的姐姐)，想立她为后。太后一票否决，坚持立当年力挺她当皇后的老臣谢深甫的孙女谢道清为皇后。

646

临海女婿宋理宗是南宋的第五位皇帝，是宋太祖赵匡胤的第十世孙，在位时并无大作为。病逝后，葬于会稽（今绍兴）宋六陵。

他死后16年，元军灭宋，喇嘛杨琏真迦盗掘了宋六陵，把理宗的尸骨抛于荒野，搜光棺中宝物，取出理宗口中的夜明珠，割下理宗头颅，镶银涂漆，制成盛酒的法器。

朱元璋灭元后，听说此事，唏嘘不已，派人找回宋理宗的头盖骨，带回南方重新下葬，这个临海女婿才算得以安息。

647

宋理宗驾崩，宋度宗即位，尊谢道清为皇太后。宋度宗是个短命鬼，当了10年皇帝就死了，死时年仅35岁。4岁的宋恭帝即位，65岁的谢道清成为太皇太后，垂帘听政。

南宋政权岌岌可危，1276年，谢道清提拔了当时只是四品知府的文天祥为右丞相，从而造就了一位与岳飞、于谦齐名的著名英雄。

元军逼近临安，谢道清安排陆秀夫带着7岁的益王赵昰、4岁的广王赵昺逃出临安城，自己带着年仅5岁的宋恭帝留守临安。

元军兵临城下，为使生灵免于涂炭，谢道清向元军递送了投降书。

648

当年，大宋天下是赵匡胤发动陈桥兵变，从后周的孤儿寡母手中夺得的。316 年后，大宋天下又从孤儿寡母（祖母）手中交出。历史总是惊人地相似。

国破家亡后，年迈的谢道清被元兵带往大都，七年后死于大都，至死都未能回到故乡临海。

年幼的宋恭帝也被带往大都，成年后为了保命，他主动请求到西藏学佛。或许是遗传了家族擅长文艺的基因，他很快学会了藏文，并成为一代佛学大师。后来，他因为一句“黄金台下客，应是不归来”的诗，引发元英宗的猜忌，最终没能逃脱被赐死的命运。就像当年的南唐后主李煜，因为一句“小楼昨夜又东风，故国不堪回首月明中”，被宋恭帝的老祖宗宋太宗猜忌并毒死。

649

宋代到临海当主要领导的，有不少文艺界名流的后人。比如唐宋八大家之一苏辙的孙子苏策，苏门四学士之一黄庭坚的外甥洪羽、孙子黄然，苏门四学士之一晁补之的儿子晁公为等。

650

宋代台州知州中，不但有文艺大咖的子孙，还有将门之子，如北宋名将赵延进之子赵昂、宗泽之子宗颖、韩世忠之子韩彦直、岳飞之孙岳甫。

情商最高的是韩彦直，六岁时，他跟他爹韩世忠一起见高宗，高宗命作大字，他大笔一挥，写下"皇帝万岁"，高宗心花怒放，抚着他的背说，这娃长大后定能成器。韩彦直年十二时，就被赐予三品官服。

世界上第一本柑橘学专著《橘录》就是他写的，想必韩市长没少吃临海蜜橘。

651

赵思诚当过台州知州，他有个两度出任宰相的爹，有个弟弟叫赵明诚，还有个大名鼎鼎的弟媳妇叫李清照。

临海人说，李清照的"九万里风鹏正举，风休住，蓬舟吹取三山去"是写临海的。

我问，有证据吗？临海人说，莫须有。

652

舒亶，北宋著名诗人，状元郎，长了张"万人斩"的帅脸，他在临海当县领导（临海尉）时，有人酒后追打自己的后母，舒亶让人鞭打教训他。酒鬼不服，叫嚷着有种杀了他。舒亶一时性起，一刀就结果了他。

舒亶因一时冲动丢了官帽，后来他东山再起，成为"中纪委干部"（御史台官员）。他跟苏东坡有过节，举报苏轼"讥切时政"，害得苏东坡被贬官。

653

元绛是北宋著名文学家，5 岁就能作诗，他是名门之后，爷爷元德昭是吴越国丞相，曾任职台州新亭监。元绛以屯田郎中知台州（相当于中央分管农业的局级领导下派台州挂职），夏秋季，台州府城被水淹，房屋被毁，百姓流离失所。

元绛拿出库钱（即政府公款），借给百姓，约定三年还钱，这应该算是历史上最早的住房按揭吧。

654

北宋吕亢是山东人，任临海县令期间，著有《蟹谱》，这是关于蟹最早的专著，吕县长亲自写文字，找来画工画了蟹图十二幅。

吕县长说，这些蟹在临海常见，但是北方佬很少见到，我把它们分门别类地画下来，好让北方佬瞧瞧，长长见识。他特地强调，书里这些蟹是他“亲见”的。听说临海还有长着虎头斑的虎蟹，有长着翅膀能飞的飞蟹，有能捕鱼的蟹，因为没亲眼见过，就没有收录进去。

吕县长的写作态度还是挺端正的，只记自己亲眼所见者，耳闻未见者不录。

655

曾几是南宋诗坛泰斗，是陆游、杨万里、范成大共同的老师，这位诗坛泰斗以 73 岁的高龄主政台州。

临海江鲜海鲜很多，曾几体恤百姓疾苦，直至去任，一口也没吃。当然，也有可能曾市长对海鲜过敏，一吃就浑身发痒。他为台州大做广告，写过十几首诗，其中就有“兴公赋里云霞赤，子美诗中岛屿青”句。兴公就是孙绰，子美就是杜甫。

建议把这首诗挂到兴善门的城墙上，长长临海人的志气，灭灭隔壁人家的威风。

656

南宋诗坛“四大天王”陆游、范成大、杨万里、尤袤，都跟临海有缘。尤袤在台州当过一把手。他是诗人，也是实干家，一到临海就加固城墙。当年恰逢大水，由于城墙坚实，挡住了汹涌的洪水，城中住房没有受到损害。

相比于平时不准备，临时做抗洪英雄的领导，这样的领导水平更高明，心里更爱民。

当时朝中有人说他坏话，宋孝宗派人到临海暗访，无论走到哪里，听到的都是一片赞扬声。

657

唐代台州是蛮荒之地，被贬到临海当官的，多是政治上不得志的倒霉鬼。南宋台州是辅郡，皇帝隔三岔五派名臣或宗室下基层锻炼，干得好，立马升到更高的位置。

南宋的第二位皇帝宋孝宗很有作为，他派出胞兄赵伯圭到台州当一把手。赵伯圭在台州当一把手期间，政绩卓著，口碑很好，他生性谦恭谨慎，从不摆“匹架落”（方言，摆架子）。

658

宋朝有规定，皇家同姓可封王，但不可拜相。唯一例外的是赵汝愚。赵汝愚是宋太宗的第八世孙，也是赵宋宗室唯一的状元，堪称两宋宗室第一才子，当过台州知州，后成为南宋宰相。

宋光宗是南宋第三位皇帝，因皇后李凤娘频吹“枕头风”，与太上皇宋孝宗不和。宋孝宗病逝，宋光宗在后宫摆酒宴演歌舞。大臣们实在看不下去了，前后100多人辞官。身为枢密使的赵汝愚力挽狂澜，逼宋光宗退位，拥赵扩为帝，是为宋宁宗，南宋时局转危为安。

659

赵汝适不是赵汝愚的亲兄弟，但同是货真价实的宋太宗第八世孙，他生前没什么大名气，官也当得不大，因为一本书，死后几百年成为红人。

赵汝适娶了南宋高官临海人陈良翰的孙女为妻，因而定居临海。

他担任福建对外贸易的一把手（泉州市舶司提举）期间，写了本《诸蕃志》，这是中国第一部海外交通风物志，记载了日本、索马里及地中海东岸50多国的风土物产及与我国的贸易交往，是《宋史·外国传》的主要底本。

660

南宋官场最大的一起桃色事件,发生在临海。绯闻人物是时任台州知州的唐仲友和官伎严蕊。

唐仲友与朱熹“三观不合”,朱熹总想揪住唐市长的小辫子。朱熹任浙东提举(相当于分管民政的副省长)时,三个月里,六上奏章,严词弹劾唐市长,史称“台州公案”。罪名包括贪污公款、违法收税、利用公款刻书、私卖黄鱼鲞等,其中有一条,是说唐市长身为地方一把手,与官伎有染。朱熹命人将严蕊抓捕拷打,逼她交代与唐市长的私情。在野史与小说中,严蕊是个硬骨头,坚决不招。

唐市长的名声毁了,严蕊的侠义之名却流传千古。

661

严蕊的《卜算子》流传甚广:“不是爱风尘,似被前缘误。花落花开自有时,总赖东君主。　　去也终须去,住也如何住。若得山花插满头,莫问奴归处。”

其实这首《卜算子》并不是严蕊所写,是唐仲友的亲戚高宣教(宣教,迪功郎的别称,官职相当于科长)所作。朱熹在告状信里就提到过,王国维在《人间词话》里也说得很明白。但临海人可不管这些,照样说是严蕊写的。

若得山花插满头

662

严蕊的《如梦令》非常有名:“道是梨花不是,道是杏花不是。白白与红红,别是东风情味。曾记,曾记,人在武陵微醉。”

这首词是她和台州主要领导唐仲友一起喝花酒时写下的。吟咏桃花,却不出现“桃花”二字,写得妙极,民间称严蕊为桃花女神。

663

南宋有个姓洪的家族,父子四人都很牛,父亲洪皓曾主管台州崇道观。他任礼部尚书时,出使金国,被扣留漠北15年,是跟苏武齐名的英雄。

洪皓被扣留期间,长子洪适、次子洪遵中了博学鸿词科,后来幼子洪迈也中了博学鸿词科。三兄弟同是“学霸”,后均为宰相,成为不可复制的传奇。

老大洪适曾任台州通判。

664

洪氏三兄弟都官运亨通,小弟洪迈当到宰执,封光禄大夫。洪迈虽然没有当过台州的领导,但写了本《夷坚志》,书中以台州为发生地的故事有四十多则,唐仲友与严蕊的八卦也被他写入书中。

不要奇怪古代的高官为什么这么能写,因为他们都是文科男。从历史上看,宋代到清代的官员,凡是正宗进士出身的,都能写几本书。就好像是个执业医生,就能开处方。

665

宋时台州刻书业很有名,是浙江12个雕版印刷中心之一。

朱熹的状纸里,告唐仲友利用公款刻书。唐市长当年的确用公款翻刻过《荀子》《扬子法言》《韩子》《文中子》,称"台州本四子"。

日本人视台州本《荀子》为"稀世之宝典"。而《扬子法言》亦是海内孤本,当年溥仪在日本人的策动下,跑到长春当傀儡皇帝,日本投降时,溥仪携金银细软、古物珍玩出逃,其中就有《扬子法言》,幸好在机场被截获。

666

南宋著名才子左誉,长得粗气且凶悍,很像庙里的判官。他的出生有点神神道道,《董将军庙记》中有记载:熙宁年间,开凿东湖,欲毁湖中寺庙,当时的监工左良玉,婚后多年无子,其妻梦见神灵对她说,如果能保下这座庙,就把判官托生给她当儿子。

左妻醒后,把梦中所闻告诉丈夫,丈夫将信将疑,不过还是保下了这座寺庙。没多久,左妻果然生下一个儿子,样子很丑,像极了庙里的判官,起名左誉。

判官像

667

左誉是个丑男，却是南宋有名的才子，一句“盈盈秋水，淡淡春山”，写尽佳人眼角眉梢的深情。

陆游读了此词，大为叫好，遂将词牌名《眼眉儿》改名为《秋波媚》《眼儿媚》。

668

元代王实甫的《西厢记》，描述崔莺莺和张生之间浓得化不开的离别之情时，用了这样一句——“望穿他盈盈秋水，蹙损了淡淡春山”。

我一看就知道是抄左誉的。

669

左誉是情种，在杭州当公务员时，爱上了钱塘名妓张秾，为她写了无数诗词，除了“盈盈秋水，淡淡春山”，还有“堆云剪水，滴粉搓酥”。

文学史上有“晓风残月柳三变，滴粉搓酥左与言”之称，将左誉的“堆云剪水，滴粉搓酥”句，与柳永的“杨柳岸，晓风残月”并提。后人遂以“滴粉搓酥”形容女子的美艳。不得不承认，荷尔蒙是一切伟大诗歌的缘起。

后来张秾委身于南宋高官张俊，左誉一气之下削发为僧。敢情贾宝玉出家是有样学样。

670

南宋江湖派诗人戴复古是个无业游民，他靠什么养活自己呢？卖自己的诗集，来换取稿费。南宋台州印刷业发达，诗人写了一堆诗，找人刻成书，就可以在市场上摆摊叫卖，戴复古七十多岁还在卖他的诗册，销量很不错。

戴复古在感情上挺渣的，但诗的确写得好。他见夕照映山，峰峦重叠，忽发诗兴，冒出一句“夕阳山外山”。他对此句很是自得，欲以“尘世梦中梦”对之，但又感觉不是很称心，为此茶饭不思，苦思冥想。某日行至村中，春雨方霁，行潦纵横，一下子冒出“春水渡旁渡”句，老戴得意万分，直夸自己有才。

李叔同的《送别》中，就有“夕阳山外山”句，敢情是抄老戴的。

戴复古还曾在巾子山上留下一句好诗：“好山无数在江南。”写完，得意得整个人都飘了。

671

《夷坚志》中有《小红琴》，讲的是南宋临海才子王卿月的一个奇梦：王卿月在老家时梦到道士给了他一把古琴。把琴底板抠开，内有八个字：“一纪之年，事在小红。”王卿月不解其意。

王卿月升到京城当官时，从人贩子手中买了一个善下棋的小丫鬟，竟然就叫小红。他很是宠爱小红。后来，王卿月接到朝廷命令，要出使金国。王卿月卜了一卦，说此行不利。他想请假不去，朝廷不允。他无奈出发，走到苏州时，背部发毒疮，未到扬州就死了。王卿月临终留话：把小红送回父母家。

672

王卿月不是虚构的人物，他是临海历史上唯一一个文武双进士，他先中武进士，又中文进士，是真正的文武双全。王卿月在诸多领域都是大拿，是个大神级人物，官至吏部尚书，还担任过太府卿（主管国家库藏、商税等），专管皇家金帛财帑。

他出生以前，母亲梦见月亮掉下来了，赶紧提起衣襟将月亮接住。孩子出生后，就起名卿月，字清叔。

673

元兵攻入台州，一路杀戮，有一美貌女子王氏，丈夫与公婆惨遭杀害。元军千夫长垂涎王氏美貌，将其掳去。行至嵊县青枫岭时，王氏咬破手指写下血诗，趁其不备，跳崖而死。

后人感其贞烈，在青枫岭上立祠纪念，青枫岭亦改为清风岭。

这位刚烈的女子，是王卿月的第七世孙女。

674

张俊是南宋中兴四将之一，也是跟秦桧一起在岳王坟前下跪的罪人，《宋史》说他长得“英伟”，是个美男子。张俊官运亨通，敛财有术，家积巨万，担心有人盗财，他把银子铸成一千两一个的大银球，名叫“莫奈何”，意思是盗贼没办法对大银球下手。宋高宗到他家吃过家宴，这场家宴是历史上最有名的家宴。

张俊还真跟台州有缘，自己抢走了左誉的心上人，他的两个儿子张子颜、张子正，曾主管台州崇道观。

675

古代是看脸的时代，再有才，如果长得丑，公务员面试时也会被刷下。

清代临海有个丑男叫侯嘉繙，长得像深山怪松，斜视，耳红于面，比左誉还要丑。

侯才子虽丑但才华横溢，南京仓颉庙落成求匾，他大笔一挥，写下“始制文字”四字，人人叫绝。他著作等身，著书达50卷，却一辈子不得志，49岁起夜上厕所，竟一跌而死。唉，人要倒了霉，撒泡尿也会要了老命。

他的墓志铭是袁枚写的，袁枚称他是文曲星下凡，是一条咬断系索的龙，怒落人间，气吐为文，笔有鬼神。

676

在临海，走几步，就会碰到一个历史文化名人。

临海有广文路、钱暄路、继光街、紫阳街、邓巷、府前街（刘璈街）、文庆街、皇后路……

哎，我走来走去，发现就缺条士性路。

677

临海的勾栏巷，是旧时的温柔富贵乡、烟柳繁华地，也是南宋台州南戏演出的主要场所。在宋代，勾栏是市井娱乐场所的代词，明代以后，通常指妓院。

勾栏巷就是今天的友兰巷，培养革命下一代的市级机关幼儿园，就在友兰巷，我儿子就是在这里读的幼儿园。它最先叫顺感巷，因吴越时在此建有顺感院而得名。宋时因此巷有孝妇，改为节孝巷。后来又叫勾栏巷、有澜巷、友兰巷，叫着叫着成了"狗栏巷"。

友兰巷边上就是著名的西大街，有一段时间被称为"反帝街"。

678

南戏又称戏文，以"出"为单位，兴于宋代，流行于台州和温州一带，以南部吴音演唱，婉转清雅，角色除了生、旦、净、末、丑外，还有外、贴两种。

临海人现在把"看戏"说成"看戏文"，问"唱的是哪出戏"，就跟南戏有关。

看戏文

679

临海有从一到十的数字地名。一洞天、一勺泉、二井巷、二元巷、三井巷、三台坊、三抚基、三大夫、四顾巷、五所巷、六角井、七圣宫、八仙岩、九曲巷、十伞巷。

从一数到十，深藏功与名。

680

三抚基跟明代一个牛哄哄的家族有关，这个家族“父子四进士，一门三巡抚”，富贵程度直逼《红楼梦》里的贾家。

“虎爸”王宗沐巡抚凤阳，次子王士琦巡抚大同，老三王士昌巡抚福建。三抚基，因他家而名。临海的十伞巷也因他家而名——王氏父子清廉，百姓共送了十顶万民伞。

别说古代，就是现代，家里出了个省长，那还不牛坏了？何况他们一家出了三个。

681

王士琦是历史记载的清官，死后一卷草席入葬，此外再无他物。

三百年后，王士琦的墓在临海张家渡被发现，出土了金冠、金带等百余件精美的金器，其中二十多件被定为国家一级文物，价值连城。

一介清官，何以有如此多的陪葬珍宝？难道是个善于伪装的两面派？

原来是万历皇帝得知王士琦死后薄葬，念及他为国尽忠一生，下令重新厚葬，赏赐若干珍贵陪葬品，并重修了墓茔。

王士琦墓前石刻

682

《大话西游》里，紫霞仙子说：我的意中人是个盖世英雄，总有一天他会身披金甲圣衣，脚踏七彩祥云来娶我。祥云是贵人出生的最低配。高配版的是梦见月亮、蛟龙、名流什么的。

王士琦是王家老二，出生前，他那督学广西的爹王宗沐做了一个梦，梦见天帝将宋代名臣韩琦赐给自己。老王高兴坏了，认定次子就是宋朝宰相韩琦的转世投胎。王老爹就以韩琦名字中的“琦”给儿子取名为王士琦。韩琦字稚圭，王士琦的字就是圭叔。

683

王宗沐有个族侄叫王士性，从小丧父，由他抚养长大。世界上第一部人文地理书《广志绎》就是王士性写的。王士性很有才华，也极具才干，明朝万历皇帝钦点王士性当河南巡抚，他懒得去。万历帝为此还挺不高兴的，说这个临海人挺矫情的。

如果去了，王家就是一门四巡抚了。三抚基可能要改为四抚基了。

684

一方水土养一方人，王士性对此有生动的阐释。他说，生活环境不同、生活方式不同，会影响到人的三观。同一个浙江，不同地方水土养育的人，有不同的性格。浙江各地，杭、嘉、湖人，身处平原水乡，是为泽国之民，有钱有闲，崇尚奢侈；金、衢、严、处人，身处丘陵险阻，是为山谷之民，性格彪悍，生活俭朴；宁、绍、台、温四个地方人，身处连山濒海之地，是为海滨之民，奢侈与节俭，各占一半。

对照王士性的说法，临海人是海滨之民，该省省，该花花，小日子安排得井井有条。

685

王士性是个临海吹，临海城真像王士性说得那么坚不可摧吗？也不是。临海是兵家必争之地，历朝历代，战事不断，不是起兵就是交战，不是剿匪就是战乱，临海城多次被攻破。

第一个攻入临海的是海盗祖师爷孙恩。东晋末年，孙恩在海上作乱，四处攻打沿海城市，烧杀抢掠。

东晋朝廷大为惊恐，征调几个将军分几路截击，孙恩退兵屯居临海。这是临海历史上的第一次匪乱。

686

徐霞客和王士性是中国旅行家中的顶流。王士性比徐霞客年长40岁，比徐霞客早几十年完成了壮游三山五岳的豪举，见过的世面也比徐霞客多。

王士性是资深官员，出游是宦游，走到哪儿都有人接待，游山玩水算是公务考察，而徐霞客是穷游。好在徐霞客出游得到许多官员的支持，让他违规使用公家驿站的人力物力，算是私游公助吧。

这不是我胡说，看官们可以翻翻《徐霞客游记》，这些内容都记得真真切切的。

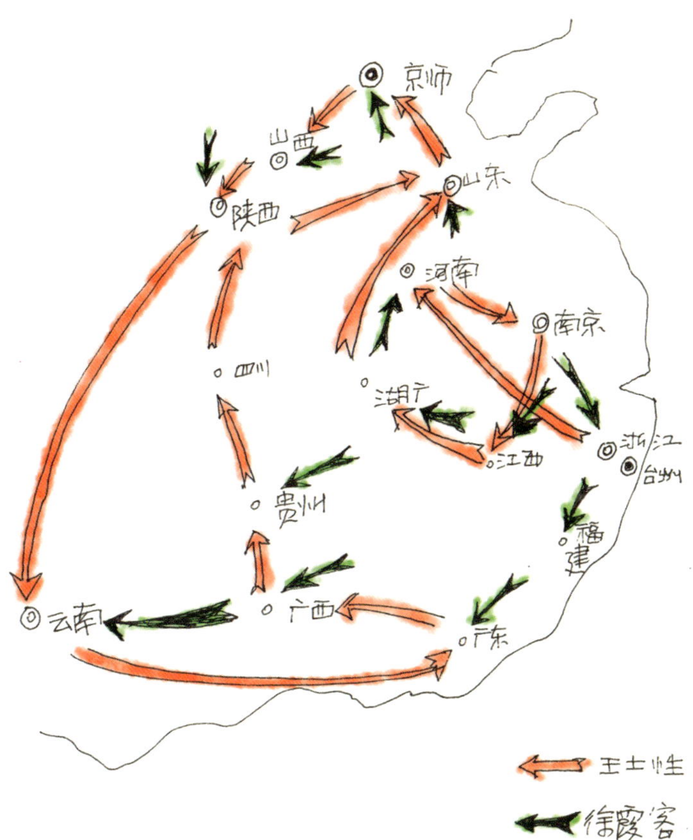

两京十三省中，王士性未至福建，徐霞客未至四川

687

经常有人把徐霞客和王士性放在一起PK,比一比谁更牛。为此,徐粉和王粉还经常争得脸红脖子粗。我当然力挺老乡王士性。

王士性是个被严重低估的人文地理学家。400多年前,他就注意到中国政治经济文化重心自北而南的转移,而且还推测有继续南移到岭南和西南的可能。这预测能力比鼓楼下的麻衣相士强多了。

临海真应该有条士性路啊。

688

徐霞客有个铁哥们叫陈函辉,曾任靖江县令,不断向徐霞客吹嘘家乡临海的风光,巴啦巴啦,引得徐霞客心痒痒的。徐霞客三次到临海,每次都拜访居于巾山中的好友陈函辉。

徐霞客去世后,他的墓志铭是陈函辉写的。别人的墓志铭只有短短的几十上百字,而徐霞客的墓志铭巨长,陈函辉洋洋洒洒,一写就是四五千字。

689

陈函辉出生时,其母应氏梦见唐代诗僧寒山子到其家,故陈函辉号“小寒山”。

后来,陈函辉到天台访寒山隐居七十多年的寒山洞,虽是第一次来，他东看西望，觉得一切是那么熟悉——莫非自己真的是寒山转世？

690

陈函辉不仅是徐霞客的哥们，更是明末清初的反清斗士。甲申事变，崇祯自缢，鲁王朱以海来台州，意图反清复明。已不再做官的陈函辉站了出来，变卖家产，拥戴鲁王朱以海，鲁王授他礼、兵二部尚书。

鲁王兵败后，陈函辉决意为大明王朝献身，他到临海云峰寺放生池前，纵身一跃，结果池水太浅，没死成。他又到僧房取来盐卤喝下，没死。七天后，他还是一心求死，于是请寺僧为自己绕佛诵经，他捏着一串佛珠上吊，终于死成了。

是条汉子。

691

临海人把樱桃叫樱珠（杏珠），不过临海的璎珞巷跟樱桃没什么关系，是因宋代此地有卖璎珞等饰物的店铺而名。

南宋名伎严蕊当时就居住在临海勾栏巷北面的璎珞巷里，比她更早的北宋高道张伯端，也住在这里。

这是条有故事的巷子。

692

三大夫巷不是三个江湖郎中居住的地方，是明代陈员韬、陈选和陈英居住的地方，他们仨是一家子，是明代的道德楷模。

父亲陈员韬和儿子陈选，进士出身，是《明史》有传的清官。父子均官至布政使。父子为官一方，两袖清风，家无余财，清贫一如寒士，被明代官方树为“中国好官员”的典型。

693

赵是百家姓中的第一姓，赵巷是南渡时赵氏皇室成员到台州的第一个落脚点，不知啥时起，成了民宿一条街。

以姓氏命名的街巷，除了赵巷，还有邓巷。邓巷是明朝进士邓栋住的地方，邓栋官至太仆寺卿，他跟王宗沐是儿女亲家，他的女婿就是抗倭名将王士琦。

古人也讲究强强联手。

694

从宋代一直到民国，临海只有横直两条街，直的是贯通南北的三里长三脸石板宽的老大街，即如今的紫阳街，横的这条与老大街十字交叉，就是现在的东门街和西门街，两街的交叉路口就叫大街头。

那时临海最热闹处是从大街头到白塔桥桥头的这一段。一千多年过去了，这里依旧是最有烟火气的地方。

695

白塔桥名字很诗意，不过，现在到这里，既看不到塔也看不到桥。

一直到清代，这里还有白塔和石桥。白塔是顺感院的寺塔，寺旁有河，河上有桥，曰白塔桥。地名真的没有骗我。

石桥边上有协镇署。解放后，协镇署成了台州最高行政机构台州行署的所在地。朝代虽然更迭，但政府的办公地点不变。

696

临海古城有花街，花街不是以花多而得名的，它从前是热闹的码头。这里是一代战神戚继光大败倭寇的主战场，也是抗战时日军屡次登陆的地方。

花街东北角有埋倭桥，东边不远处有山，叫瞭倭山，高度不过20米，当年戚继光在此驻兵，瞭望敌情，并大败倭寇，故名。老百姓叫着叫着，就叫成了“赖鸦山”。就好像叫着叫着，把友兰巷叫成了“狗栏巷”。

697

20世纪八九十年代，花街一带，尚有大片的茭白地，还有很多黄鳝和螺蛳。那时年轻人一下班，就骑着飞鸽牌自行车去花街摸螺蛳。

就着一道爆炒螺蛳，可以干掉一箱啤酒。那时临海产啤酒，什么台州啤酒、灵江啤酒、回浦啤酒、城徽啤酒、505干啤酒、水洋啤酒、龙喷水啤酒，都来自临海。

喝过的，都已是中老年人了。哎呀，时光如梭呀！

698

杭州有条佑圣观路，谐音“又升官了”，边上还有个赞成宾馆。又是升官，又是赞成，好口彩。当官的有事没事，都喜欢来走一走。

临海有条下台路，是下桥、台门两条路的合称，老百姓戏称为“下台路”。听说官员们都不爱走这里，哈哈。

下桥路一带，曾经有浙东南地区最大的牲畜交易市场，那时天天猪欢牛叫的。

699

括苍山是21世纪中国大陆第一缕阳光首照地，一缕阳光，引得天下来客。

山顶有35座风力发电机，建有我国第一座山岳大型风电场。

括苍山的阳光和山风能聚财。

700

临海人说自己崇文尚武，我信。临海有条广文路，还有条练武路。

临海出过文状元，也出过武状元，孙中山的侍卫长也是临海人。

我的那些个临海朋友，多少会一些拳路，顶不济的，也会来段八段锦。

临海人崇文尚武

701

闹市区一家金店被抢,劫匪手持菜刀抢金还债。没想到,劫匪一出手,店里就冲出一个大妈,一身是胆雄赳赳,徒手制服了劫匪。

这搞得劫匪很没面子,栽在警察手中也就认了,栽在广场舞大妈手中,呵呵,以后还怎么在江湖上混啊。

702

临海还有打虎女英雄。清代临海老虎多,小奴的丈夫外出干活,到晚上还没回家,小奴不安,出门寻找。在荒草丛中,看见老虎叼着一个人,细一看,那人正是她丈夫。小奴怒从心头起,好你只老虎,敢吃我老倌!她怒吼着扑向老虎,拳头如雨点般落下。老虎受惊,丢下人就跑。

这事不是我编的,白纸黑字地记在县志上。

临海女人都是外柔内刚的。

703

现在看老虎要跑去动物园看,明清时,老虎经常进城溜达。《临海县志》中就有五次老虎入城的记录,有两次还伤了人。

城内有条虎龙街,是条小弄堂,南起广文路,北至台州学院围墙,长不过166米,宽不过2米。清代老虎曾穿越北固山,窜进小弄堂内,人们因而称此弄为虎弄街,后讹为虎龙街。

老虎进城

704

必须为洪池路茶田巷写一笔，从前台州日报社就在洪池路。

洪池路南起台州日报社，北至老回浦中学，雄赳赳跨过泉井洋路，全长不过1000米。这里曾是全台州的新闻中心，所有重要的新闻都是从这里发布出去的。

结婚后，我就住在洪池路的茶田巷，茶田巷地势低，一刮台风，就会积水。有一年，台风刮来一块“五好家庭”的牌匾。我认为是上天对我的嘉奖，捡起牌子，顺手就钉在门楣上。

705

临海城关有五大街道，号称“五虎将”：古城街道、大洋街道、大田街道、邵家渡街道、江南街道。

古城街道是老得不能再老的老城区，故事多，八卦多。随便指着一块砖头，都可以说道半天。

从前住在老城区的人，有很强的优越感，即使没钱，也觉得自己是正宗的台州府城人，身价跟别人不一样。

706

大洋没有洋。大洋街道是由好几个地方拼装成的，是个组合型街道。

早先大洋人的眼孔还没有鼻孔大，去一趟城里，可以吹半年牛。那时他们以为只要过了钓鱼亭(靠近灵江的一个村)，就到了“漂亮国”。

城市外扩造就了新大洋，新的市政府就在大洋，临海最牛的几家企业也在这里。现在大洋人的眼孔比高速公路的洞孔还要大。

707

临海早年因为“卖掉市政府”在省里名头很响——老百姓都是这么说的。

实际上，卖掉的不是市政府，而是市政府大楼所在地的 23 亩土地的使用权，这些土地以每亩 100 万元的价格，卖给了临海籍港商詹耀良。这是 1993 年的事。

詹耀良有个侄女婿叫梁文道。

708

詹耀良在市政府旧地修建了 5 万多平方米的耀达商场，这是当时台州第一家大型购物商场。原本詹耀良想将商铺分割来卖，结果不好卖，只好自己开商场。

没想到，商场一开张，生意火爆得不得了。开业第一天，几千名市民像潮水一样涌入商场，售货员没见过这架势，惊呆了。

在很长一段时间内，临海人周末闲着没事，就跑去逛商场。商场成了临海人的游乐场。

709

江南好，风景旧曾谙。江南街道很江南，因为临江，不少村民曾以打鱼为生，江边有很多造船厂。

江下渚就在这里。江下渚是个沙渚，春天开满桃花，人称桃花岛。一到春天，临海人好像发了“桃花癫”，成群结队骑车过桥看桃花。恋人们喜欢到桃花树下捂个嘴（方言，亲嘴）。现在江下渚已然没有沙渚，沙渚早与江南街道连成一片了。

怀旧的中年人感叹，江下渚变化太大，找不到当年捂嘴的地方了。

710

20世纪八九十年代，那些造船的船老板，腰包鼓得最早，他们闷声不响地发财，唯恐别人知道他们有钱：出门开着破桑塔纳，好车停在仓库里，吃饭不上茅台，只喝啤酒，唱卡拉OK也是偷偷摸摸的，有时还跑到杭州、温州唱。

但是有钱跟有爱一样，是藏不住的。很快，人们就知道他们赚了大钱，也知道了他们是如何赚到钱的。于是，灵江边的造船厂越来越多。造船业在很长时间内，都是临海的支柱产业。

711

东吴时，临海的造船业就很发达。从前的临海郡，有专门营造海船的工场——船屯，还有一支庞大的工匠队伍。

鉴真第四次东渡日本时，曾来临海找船准备“偷渡”。

712

满街的大田大排面，外地人经常读破句——“大田大/排面”，还以为大田人的排面很大。

大田的得名很有意思，早先那里有一块田，虽然只有区区七亩多（俗称七亩田），却起名大田。这让北方人笑掉大牙，没个几百上千亩地，怎好意思叫大田？如果让北方人起名，估计会起名小田。

从前高楼少，从大田往城关方向看，一马平川。眼力好的，还可以看到巾山塔。

我在报社工作时，常去大田采访，那时到大田，就算是出差，还能拿出差补贴。

713

大城市商业街上那些亮瞎了眼的彩灯，很多来自临海。临海的彩灯产业占据全球彩灯市场的半壁江山。

东塍镇是全国最大的节日灯生产基地，节日灯的市场占有率居世界第一。没有东塍的节日灯，老外都过不好圣诞节，夜总会也少了该有的气氛。

714

东塍，意思是东边田间的土埂子。别看地名土里土气的，这地方可是藏龙卧虎，出过北洋政府内务部长、一度代理内阁总理的屈映光，出过辛亥革命后的浙江临时参议会议长王文庆，出过国民党的空军总司令周至柔，还出过十多个将军。

东塍人喜欢想当年。有当年这些人撑牌子，东塍人吹起牛来，喉咙梆梆响。全临海的人，吹牛都吹不过东塍人。

715

临海是中国水库胖头鱼之乡、中国白对虾之乡、中国名茶之乡、中国西蓝花之乡，也是中国杨梅之乡、中国无核蜜橘之乡，是江南的水果王国。

在枇杷季、杨梅季、葡萄季、桃子季、柑橘季等各种水果季，临海人出门走亲戚，都会左右开弓，拎着水果上动车。

沪杭亲戚一到水果季、螃蟹季，就会深情地念叨起临海人：亲人呐，你们怎么还不来？

716

邵家渡从古至今都是交通枢纽。

邵家渡古代是渡口，送的是南来北往客。它因牛头山水库和鱼头而出名，早年学校组织春游，一游就游到牛头山水库。

现在邵家渡是站口。临海的动车站就在这里。一下动车，就是邵家渡的地盘。

牛头山水库

717

不少村庄深藏功与名。岭外新村有铁券楼，是藏丹书铁券的地方，这个村子，住的都是钱氏的族人，往上N代，都是皇亲国戚。

除了岭外新村，岭根村也很牛，草编名声在外，更出名的是这个村子出过好些个将军，号称“将军村”。

岭外新村在大田，岭根村在东塍。

718

汛桥因汛期潮水由灵江涌入桥下而得名。那里有个盖竹山。盖竹山是天下第二福地，第十九洞天，号“长耀宝光洞天”，我去爬过，但没见到宝光。

三国时的葛玄（葛仙翁）曾在盖竹山开辟茶园，盖竹洞旁还有仙翁茶园旧址。

不要小瞧这个旧址，这是江南乃至中国种茶史上，最早有文字可查的植茶遗址和茶文化源头。

全中国的茶人说起盖竹山，都是一脸恭敬。

宝光洞(盖竹洞)

719

全国包工头最多的地方是广东潮阳，全国古建工匠最多的乡镇，十有八九是临海汇溪。

汇溪镇有国字号名头加持，是响当当的中国古建筑工匠之乡，这里的能工巧匠特别多，不少还是国家级传统建筑名匠，从事古建行业的工匠有300余人，啥破烂到他们手里，都能变成宝。

720

小芝有山道弯弯，有流水潺潺，秋天有一排排的红树林，吹个口哨，田间会飞起成群白鹭。

那里的胜坑村是个网红村。胜坑是个隐藏在大山深处的古村落，房子都是石头建的，我的一个画家朋友在那里建了乡村别墅，时不时招呼我们去吸吸氧。他平时生活在大上海，一年难得回村几次，虽然不常住，但只要想到远方有一片灿烂的阳光属于自己，他就会得意地露出八颗牙。

721

“吃货”光知道大石，却不知道河头。大石是河头的地盘。

大石的葡萄很出名，垂面也很出名。大石葡萄是国家地理标志产品，是临海农业的四张“金名片”之一。大石垂面细如发丝，一根垂面可以穿过针眼，号称“江南龙须面”。我曾经拿大石垂面跟苏州的龙须面斗过法，看谁能先穿过针眼。

大石有垂面饭，只有道行深的人才知道，垂面饭根本不是饭。

722

我大学的最后一年，在白水洋中学实习，那时的白水洋还是假烟假酒生产基地。

不过，白水洋很早就“从良”了，现在，杨梅、豆腐、馒头是白水洋的三大宝。临海人吃豆腐，必言白水洋。一盘白水洋豆腐进了米其林店，可以卖到上百元。看上去平淡无奇，吃起来神仙打滚。

白水洋有好多“豆腐西施”，还有很多“杨梅仙子”。

白水洋人很有经商头脑，号称“十万白水洋人五万商”。

723

临海美食有各种名人加持。光饼跟戚继光有关，糟羹跟尉迟恭有干系，水浸糕跟方腊沾边。

还有人编排出鉴真和尚吃豆腐的故事。说鉴真和尚东渡前，驻锡龙兴寺，天天吃白水洋的豆腐。还说朱自清也赞美过白水洋豆腐。

我问，有证据吗？白水洋人说，要什么证据?！传个一百年，就铁证如山了。

724

说到马拉松，大家都喜欢用简称。北京的马拉松叫北马，上海的马拉松叫上马，杭州的马拉松叫杭马，厦门的马拉松叫厦马，天津的马拉松叫天马，海南的马拉松叫海马，山东菏泽的马拉松叫菏马，无锡的马拉松，不叫无马叫锡马。

临海有桃花源马拉松，是白水洋镇举办的，不知该叫桃马还是白马？

要不，索性叫洋马？

725

括苍镇因括苍山而名。在金庸笔下，《易筋经》一露面，天下就要大乱。在卧龙生笔下，《归元秘籍》一露面，天下也要大乱。

《归元秘籍》是一部令宋元间武林中人舍命相寻的武学奇书。为了争夺这本奇书，三百多年前，天下武林高手云集括苍山白云峡，殊死搏斗。

括苍山不是普通的山，在武侠世界中，括苍山是江湖武术门派括苍派的重要基地。

括苍山下有一个古村，叫张家渡，开满桃花，这里有打铁铺，但不打武林好汉用的刀剑，打的是菜刀。张家渡的菜刀很出名。

726

括苍镇的山头何村，有上亿年前的鱼化石，很好地诠释了什么是沧海桑田。

我读中学时，地理老师带我们到这里捡过鱼化石，我趴在地上找呀找，眼都看酸了，啥都没找到。有个眼尖的同学竟然捡到一块非常完整的鱼化石，连老师都羡慕坏了。

这块鱼化石后来成为他送女友的定情物，再后来，成了他家的镇宅之宝。

727

喜欢刺激的人，隔三岔五就到尤溪找点刺激。

尤溪原名柚溪，因溪边多柚木（麻栗树）而得名。那里有个法海寺，不过没有白蛇娘娘，也没有小青姑娘。

尤溪以前就很好玩，我们读中学时经常组团骑车去春游。现在尤溪更好玩了，有江南峡谷、探险漂流、绝壁攀岩、哈哈滑草，玩起来很刺激，一会儿“啊啊啊”，一会儿“哈哈哈”，是个让男人欢笑，让女人尖叫的好地方。

728

“月亮爬上山，潮涨马头山。”

沿江镇因辖区沿灵江而得名，开车沿江而行，就能看到马头山。

马头山有名人加持。当年谢灵运去永嘉任职，路过楼石山（马头山），把它写进了自己的游记。谢灵运说，山上长有很多栀子花。

我很想上去采几朵。

729

临海是中国西蓝花之乡。

西蓝花原产于地中海东部海岸，在清光绪年间引进中国。因其营养成分位居同类蔬菜之首，被誉为“蔬菜皇冠”。

全国每六棵西蓝花中，就有三棵出自临海，主要产地就是上盘。

730

永丰镇茶寮村的秋景，堪称临海秋色“天花板”。“寮”的意思就是茅棚搭的小茶楼，山村曾经遍地茶树，村民几乎都是唐代大才子郑虔的后代。

茶寮有条石砌的古道，是宋代以来温台通往绍杭的官道，据说当年谢道清就是沿这条道走到南宋皇宫的。路两旁长满高大的枫树，树龄皆在百年以上。

临海人秋天一窝蜂地去茶寮古道，有次我走古道，听见后面叽叽喳喳，一个婆娘在跟老公撒娇，哎呀，走古道好累，咬碎我一口银牙。

我回头一看，哪有什么银牙，一嘴的四环素牙！

茶寮古道

731

不知道涌泉的人，肯定没吃到过中国最好的橘子。

涌泉不只有橘子，它还是全国最大的旗袍生产加工基地，旗袍年产值有十多个亿。

与涌泉隔江相望的沿江镇，是全国最大的盘扣生产基地，承包了全国80％的盘扣。

732

说到丝绸和旗袍，人们马上想到苏州和杭州。

没错，全国最大的旗袍批发市场就在苏州。不过，那里的一百多家旗袍铺子，大部分是涌泉人开的。

733

杜桥人胆子大，改革开放初，杜桥人就敢背着眼镜到青藏高原兜售，脸上晒出高原红，还险些被边防战士当作印度特务关起来。

从卖眼镜到造眼镜，杜桥建起了一个眼镜王国。杜桥眼镜城是全国四大眼镜市场之一，杜桥眼镜出口到世界五大洲的三十多个国家和地区，架在一亿多老外的鼻梁上。

众所不知，杜桥经济辉煌时，KTV的数量也很多。麦克风一拿，大小商贩就感觉自己是气势如虹的大老板了。

杜桥眼镜

734

过去一直认为江南无翼龙，直到在上盘岙里村发现了翼龙化石。

上盘不仅是翼龙的故乡，还是美丽的长尾雁荡鸟的原乡，当地人管它叫凤。

上盘有龙有凤，是个龙凤呈祥的好地方。

735

临海哪里老外最多？不是赛场就是杜桥。

以前是杜桥人往外倒腾眼镜，现在是老外来杜桥倒腾眼镜，中东人穿着白色长袍，拖着人字拖，一脸络腮胡，开着电动车，大包小包，把杜桥的眼镜倒腾到沙漠之国。

“头顶一块布，全球我最富”的阿联酋，就有杜桥人开的中国眼镜中心。

736

哪里有眼镜，哪里就有杜桥人。上世纪八十年代，最时尚的打扮就是穿着喇叭裤，架一副蛤蟆镜，手拎一台三洋牌的录音机。

改革开放初，杜桥人走南闯北卖眼镜，镜片和镜架分开打包，走到哪背到哪。找个人多的地方，大木箱子往地上一摆，箱子上拉起一排排线，眼镜一副一副挂上去，小本生意就开张了。

上世纪八十年代，蛤蟆镜，喇叭裤，录音机，尖头鞋，是临海人最时髦的打扮

737

临海成为网红城市后，在外的临海人又自豪又烦恼，自豪的是家乡名气越来越大，烦恼的是以前从沪杭回老家，想走就走，动车票随时都有。现在，周末回老家，动车票要提前一个星期才能抢得到。

738

临海人有气势。人家的一个县级市，在临海是一个村，叫龙泉村。人家的一个省，在临海也是一个村，叫山西村。甚至人家的一个国家，在临海还是一个村，叫荷兰村。

临海还有个联合村，村民都说自己是联合国的人。

739

抗倭名城桃渚，元末时是海湾。它是明代浙江沿海41座抗倭所城中保存最完整的一座，城墙上的砖石都是明代的原砖原石。

桃渚是著名的卫所，是戚继光抗倭的主战场，也是著名的军事前哨。明代倭寇侵犯东南，多从海边的桃渚、海门(今椒江)登陆。

桃渚属水亦属金，属水是因为渚是水中的小块陆地，属金是因为它曾经有鼓角铮鸣。

桃渚城

740

我人生中待得最久的两座城市，一是杭州，一是临海。

如果城市是个人，那 2100 多岁的临海该是怎样的呢？

是温润如玉的君子，也是义薄云天的豪杰。

风雅之外有风骨，风骨之外有风情。

这就是我爱临海的理由。